MEMORIAL
EXPERIÊNCIAS DE APRENDIZAGENS COM ALICIA FERNÁNDEZ

Editora Appris Ltda.
1.ª Edição - Copyright© 2021 dos autores
Direitos de Edição Reservados à Editora Appris Ltda.

Nenhuma parte desta obra poderá ser utilizada indevidamente, sem estar de acordo com a Lei n° 9.610/98. Se incorreções forem encontradas, serão de exclusiva responsabilidade de seus organizadores. Foi realizado o Depósito Legal na Fundação Biblioteca Nacional, de acordo com as Leis n°s 10.994, de 14/12/2004, e 12.192, de 14/01/2010.

Catalogação na Fonte
Elaborado por: Josefina A. S. Guedes
Bibliotecária CRB 9/870

M533m 2021	Memorial: experiências de aprendizagens com Alicia Fernández / Clarissa Candiota ... [et al.] (orgs). - 1. ed. - Curitiba: Appris, 2021. 159 p.; 23 cm. Inclui bibliografia. ISBN 978-65-250-1242-1 1. Psicologia educacional. 2. Psicologia da aprendizagem. I. Candiota, Clarissa. II. Título. II. Série. CDD 370.15

Livro de acordo com a normalização técnica da ABNT

Appris editora

Editora e Livraria Appris Ltda.
Av. Manoel Ribas, 2265 – Mercês
Curitiba/PR – CEP: 80810-002
Tel. (41) 3156 - 4731
www.editoraappris.com.br

Printed in Brazil
Impresso no Brasil

MEMORIAL
EXPERIÊNCIAS DE APRENDIZAGENS COM ALICIA FERNÁNDEZ

Clarissa Candiota
Iara Caierão
Maria da Graça Pimentel
Marlise von Reisswitz
Neusa Kern Hickel
Nilce Azevedo Cardoso
Regina Orgler Sordi
Susi Rodrigues de Sá
Vera Mendes dos Santos

organizadoras

FICHA TÉCNICA

EDITORIAL	Augusto V. de A. Coelho
	Marli Caetano
	Sara C. de Andrade Coelho
COMITÊ EDITORIAL	Andréa Barbosa Gouveia (UFPR)
	Jacques de Lima Ferreira (UP)
	Marilda Aparecida Behrens (PUCPR)
	Ana El Achkar (UNIVERSO/RJ)
	Conrado Moreira Mendes (PUC-MG)
	Eliete Correia dos Santos (UEPB)
	Fabiano Santos (UERJ/IESP)
	Francinete Fernandes de Sousa (UEPB)
	Francisco Carlos Duarte (PUCPR)
	Francisco de Assis (Fiam-Faam, SP, Brasil)
	Juliana Reichert Assunção Tonelli (UEL)
	Maria Aparecida Barbosa (USP)
	Maria Helena Zamora (PUC-Rio)
	Maria Margarida de Andrade (Umack)
	Roque Ismael da Costa Güllich (UFFS)
	Toni Reis (UFPR)
	Valdomiro de Oliveira (UFPR)
	Valério Brusamolin (IFPR)
ASSESSORIA EDITORIAL	Renata Miccelli
REVISÃO	Cindy G. S. Luiz
PRODUÇÃO EDITORIAL	Bruna Holmen
ASSISTÊNCIA DE EDIÇÃO	Marina Persiani
DIAGRAMAÇÃO	Bruno Ferreira Nascimento
CAPA	Thais Forte
COMUNICAÇÃO	Carlos Eduardo Pereira
	Débora Nazário
	Karla Pipolo Olegário
LIVRARIAS E EVENTOS	Estevão Misael
GERÊNCIA DE FINANÇAS	Selma Maria Fernandes do Valle
COORDENADORA COMERCIAL	Silvana Vicente

A tod@s que irão descobrir-construir suas potências de ser e de aprender, reescrevendo a sua e nossa história onde caibam tod@s e cada um.

Em primeiro lugar, agradeço à Alicia Fernández por criar os espaços-moinhos. Agradeço também ao meu grupo didático-terapêutico, em que criamos juntos esses espaços-moinhos que me possibilitaram um trabalho pessoal com Alicia que eventualmente me levou ao processo de alta, construído entre nós duas e que culminou no meu último encontro com o grupo em Porto Alegre, em julho de 2014. Enquanto o grupo, em roda, cantava a música "Redescobrir", Alicia colocou suas mãos nas minhas costas, dirigiu-me à porta e disse: "Vai. Estás pronta.".

Saí dali inundada de emoções. Aquela era uma etapa de fechamento com o grupo, visto que o combinado era que eu continuaria minha terapia pessoal com Alicia. Depois, vim a saber que aquela roda, aquela despedida e aquela música acabaram sendo a despedida de todos, pois Alicia não voltou fisicamente, deixando-nos em fevereiro de 2015.

Naquela época, um grupo de psicopedagogas reuniu-se para ir a Buenos Aires, despedir-se de Alicia, e eu não pude me juntar a elas. Em agosto do mesmo ano, marquei um encontro com Jorge Gonçalves Cruz, o marido de Alicia, para lhe dar um abraço de pêsames. Ali, já havia um desejo de fazer algo com o sentimento das mãos dela nas minhas costas, dizendo: "Vai. Estás pronta.".

No dia que havíamos marcado para nos encontrar e falar de morte, Jorge saúda-me feliz ao telefone: "Clarissa, vamos nos encontrar amanhã porque hoje nasceu meu neto Joaquim. Vou à maternidade acompanhar minha filha Lucia". No dia seguinte, encontramo-nos com alegria e com a certeza de que Alicia é semente. Nosso abraço de pêsames tornou-se um abraço de comemoração à vida.

Voltei a Porto Alegre muito motivada, mas meu pai adoeceu e veio a falecer em 2017. Meu luto não me permitiu continuar com o projeto até novembro de 2019, quando encontrei Marina Silva por acaso num hotel no Rio de Janeiro. Ali, saudamo-nos e reconhecemo-nos em Alicia. Relato a ela sobre meu encontro com o Jorge, e Marina provoca-me: "Por que você não faz um encontro nacional de *alicianas*?".

A partir dali, comecei a trabalhar no projeto. O início da pandemia atrasou todos os planos de ter um evento presencial, mas, ao participar de um evento *on-line* realizado pela psicopedagoga Zeza Weyne, enxerguei a possibilidade de compor uma parceria. O primeiro Tributo à Alicia Fernández aconteceu de forma remota, pelo Zoom, em 25 e 26 de setembro de 2020, data escolhida numa homenagem ao aniversário de Alicia que seria no dia 29 de setembro.

Ao todo, foram cinco rodas de conversa que abrigavam cada uma das cinco regiões do Brasil, ilustrando a trajetória contínua e intensa de Alicia pelo território brasileiro. A abertura deu-se com uma entrevista com Jorge Gonçalves da Cruz realizada por Marlise Von Reisswitz e Iara Wrege. Na sequência, Tânia Menegotto leu um texto inédito de Sara Paín, e demos início à primeira mesa, a da Região Norte, com o tema "Histórias de Vida", em que Marina Silva e Hortência Vital trouxeram suas vivências com Alicia nas suas jornadas pessoais. Na sequência, a mesa Nordeste constituiu-se de uma conversa sobre "A Inteligência Aprisionada: O Início do Caminho" formada por Manuela Barbosa, Marisa Nicolau e Eliane Cansanção. Já a mesa Centro-Oeste discutiu as contribuições de Alicia para a psicopedagogia no Brasil e foi composta por Luciana Barros de Almeida, Gracia Fenelon e Eline Azevedo.

A mesa Sudeste foi a penúltima, onde Yara Avelar, Rosires Ielo e Graça Pimentel abordaram o tema "Psicodrama: morando no brincar". Por fim, a mesa Sul abriu os caminhos para o encerramento do evento comigo, Clarissa Candiota, ao lado de Iara Wrege, Marli Silveira Cardozo, Neusa Hickel, Regina Sordi e Vera Mendes dos Santos discorrendo sobre "A Capacidade Atencional". O encerramento ficou ao encargo de Neide Noffs e Mônica Mendes, que compartilharam suas experiências de vida com Alicia. Também tivemos as participações mais do que especiais de Iara Caierão, Nilce Azevedo e Julia Eugenia.

A coordenação do evento foi uma responsabilidade assumida em conjunto por mim e por Zeza Weyne. Fomos apoiadas pela equipe técnica de Zeza Weyne Cursos, formada por Adriana Telles e Yris Cristina. Sou profundamente grata a toda a equipe pela parceria, tenacidade e organização impecável que foram essenciais para a realização e o sucesso do evento.

Falando em espaços-moinhos, é necessário agradecer também à participação especialíssima de Maria Sol da Cruz, filha de Alicia Fernández. Foi um momento difícil para Maria Sol aceitar o convite para participar do tributo. Ao ver o movimento de Jorge Gonçalves da Cruz, seu pai, que gentilmente nos concedeu uma entrevista, Maria Sol surpreendeu-nos com um vídeo emocionante, gravado no próprio

E.Psi.B.A., que acessou todas as nossas memórias e os nossos afetos trocados com Alicia naquele espaço e entre nós.

Eu sentia uma necessidade muito grande de ter alguma lembrança física do evento, já que nosso contato se daria de forma totalmente *on-line*. Porém, uma lembrança de um evento que homenageava Alicia não poderia ser simplesmente comprada. Pensando nisso, entrei em contato com a Susi Sá, artista plástica que fazia parte do meu grupo didático-terapêutico. Susi aceitou o desafio, e criou quatro peças diferentes em cerâmica feitas à mão para presentearmos as participantes. As imagens representavam momentos psicodramáticos vividos com Alicia e emocionaram todas as participantes que as receberam pelo correio. Durante o evento, foi mostrado um vídeo que contava o processo de construção das peças — e qual delas cada uma das participantes receberia era uma surpresa. Deixo aqui meu mais sincero agradecimento à Susi, pela sensibilidade e pelo carinho na criação desses mimos e a parceria no caminho.

Gostaria de agradecer às pessoas que me ajudaram no processo de criação dessa ideia, realizando um sonho meu de reunir as pessoas que se trabalharam psicopedagogicamente com Alicia Fernández. Agradeço especialmente às minhas mestras, Iara Wrege e Neusa Hickel, pelo caminho acompanhado de *aprendensinância*. À Marlise Von Reisswitz, que por suas mãos, me trouxe ao grupo didático terapêutico de Porto Alegre, com quem descobri que existe alta de grupo terapêutico. Ao Jorge Gonçalves da Cruz, que me apoiou desde o primeiro instante. À Vera Mendes dos Santos e a Regina Sordi, que me acompanharam durante a organização desse tributo, onde nos encontramos. Continuamos juntas a partir daqui, escrevendo essa história. À Yara Avellar, que me possibilitou continuar o caminho após a perda de Alicia, e presenteou-me ao enviar, após o tributo, uma mensagem que, se me permitem, compartilho com vocês:

> Sua intervenção foi psicopedagógica, pois pode conectar-me simultaneamente com meu passado, meu presente e meu futuro. Com meu passado, chamando a minha atenção para o privilégio de ter conhecido Alicia e investido na teoria que ela construiu; com meu presente, despertando o desejo do reencontro com minhas parceiras de estudo; com meu futuro, levando-me a

considerar minha responsabilidade frente às que iniciam este percurso de identificação, e assim, aceitar o desafio.

Reafirmo aqui também a minha gratidão aos palestrantes que aceitaram esse desafio de participar de um tributo *on-line*, alguns sem sequer me conhecer. Como me disse Yara, "É importante fazer um convite de forma que o outro se sinta tão convidado que se veja capaz de atender ao chamado, de enfrentar o desafio, de responder, correspondendo com atenção ao pedido em sua essência.". Foi difícil tecer esse encontro, mas foi fantástico encontrarmo-nos todos no "espaço entre": na experiência da primeira vez, em que éramos todos aprendentes naquele novo mundo que se apresentava. Nunca esquecerei as câmeras abrindo-se à emoção do reencontro, vivendo um instante que nos transformava num corpo teórico de Alicianas no Brasil. Este livro corresponde às escritas a partir do Tributo, não apenas pelas regiões representadas, mas também com algumas manifestações do desdobramento após o encerramento.

Minha gratidão às minhas colegas da comissão organizadora desta obra, um coletivo que trabalhou com dedicação e compromisso com o corpo teórico que sustentou o evento e registra que pertencemos a um grupo que se constitui a partir da vivência do Tributo à Alicia Fernández. Sem as divisões geográficas, mas no mesmo espaço de pensamento. Como dizia a música:

Como se fora
Brincadeira de roda (memória)
Jogo do trabalho
Na dança das mãos (macias)
O suor dos corpos
Na canção da vida (história)
O suor da vida
No calor de irmãos (magia)

(Redescobrir — Elis Regina)

E por fim, agradeço principalmente a cada um dos participantes que se engajaram com a ideia deste projeto, tornando-o possível e garantindo o espaço da psicopedagogia clínica no Brasil. A teoria e a abordagem de Alicia Fernández e Sara Paín são vivas em nós, que herdamos este legado e o compromisso de mantê-lo vivo.

"Da alegria, nasce a esperança ativa da autoria. A alegria permite sustentar os necessários momentos de desilusão, sem perder a esperança, como força criativa." (FERNÁNDEZ, 2001, p. 121).

Referências

FERNÁNDEZ. A. *Psicopedagogia em Psicodrama*. Rio de Janeiro: Vozes, 2001.

Aprender é quase tão lindo quanto brincar.

(Alicia Fernández)

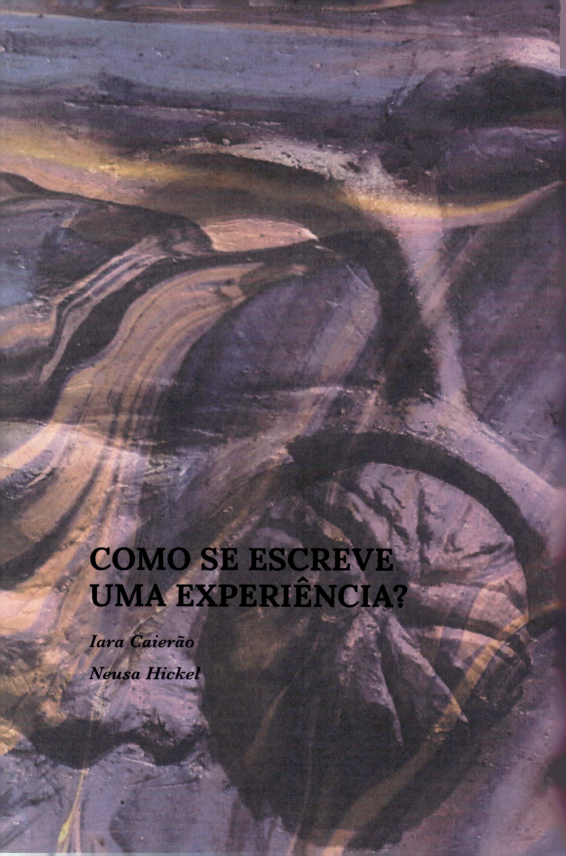

COMO SE ESCREVE UMA EXPERIÊNCIA?

Iara Caierão

Neusa Hickel

Como se escreve uma experiência? E quando se trata de experiências no plural, onde cada corpo é tomado como arquivo de afetos, inundado por memórias abertas clamando por espaços de elaboração?

(Regina Sordi, Marlise von Reisswitz)

    Como um sinal em um mapa desdobrado, essa epígrafe oferece-se para dizer de um modo intenso aquilo que deveríamos dizer formalmente: este é um livro aberto por um evento histórico na área da Psicopedagogia, resultando, como seu nome indica, em um Memorial, cujo curso segue — em sua quase totalidade — uma linguagem coloquial própria de experiências profundas, individuais e/ou grupais com nossa grande mestra Alicia Fernández, sobre nossas histórias de vida e de aprendizagens.

    É esse tom coloquial feito de ditos apropriados entre encontros e/ou aulas reflexivas cujos significados/conteúdos diversos tornaram-se indizíveis de outro modo que não este. Todavia, as palavras buscam formas objetivas que autorizam o uso de citações diretas ou indiretas, advindas de tal convivência. É cabível em tais escritas que as fontes não se registrem de modo repetitivo; que as escritas tenham suas próprias normas, afrouxando, assim, as normas da ABNT.

    Por outro lado, confiamos no coletivo para o qual esta obra destina-se, ligado à Psicopedagogia e, sabedoras de que grande parte dele esteve em convívio em diferentes tempos e modalidades com a mestra a quem as escritas estão dedicadas, possa compreender que nossas singulares formas de expressão sejam consideradas como estilos de muitos idiomas.

PREFÁCIOS

Prefácio I[1]

Efeitos da homenagem a Alicia Fernández em setembro de 2020

Retomo algo que relatei no encerramento de uma reunião. É uma conversa em família da qual participam dois dos meus netos: o Lautaro com 14 anos e o Facundo com 9 anos. A certa altura, referem-se a seu primo Joaquín e meu terceiro neto, na época com 3 anos.

- Lautaro: "Tenho pena de Joaquín, que não pôde conhecer Alicia."
- Facundo: "Que pena? Sorte para quem não sente falta".

Na verdade, a conversa em família continuou com reflexões interessantes, mas paro a história por aqui. Acho que essas duas frases marcam os limites de um amplo espaço: entre a tristeza e a dor da perda e a alegria do vivido com a avó e do que ela produziu e legou. Espaço "entre" por onde transita a família, amigos e parentes, alunos/as, seus "aprendesinantes", seus colaboradores e seus "atendidos". Alicia não queria falar de "pacientes"; a "paciência" e a "espera" estavam do lado da educadora e da terapeuta, disse ela.

Paciência e espera ativa, propiciadoras, sustentadoras, legitimadoras dos balbucios de autorias de pensamento em cada um e apostando sempre nas eficácias de cada espaço (terapêutico, pedagógico etc.) e no experimentar, procurar pensar **com** os outros, seus "aprendesinantes".

Assim procedia também com a família, em encontros "casuais ou buscados" com um lugar, um vizinho, um autor. Sua pergunta inicial não era "o que lhe falta para chegar a ...?", mas "o que você traz, o que contibui?", "me ajuda a pensar, a descobrir?", "com o que você conta para…?". "Dispersão criativa". Sim, mas pouco ecletismo ou "perda de tempo": com esses materiais construía seu pensar, suas decisões, suas ações. Sabia como tropeçar, arriscar e desaprender.

O encontro de 2020 e este livro localizam-se naquele espaço a que aludiram Lautaro e Facundo. "Superfícies de inscrição" férteis para uma nova instância elaborativa do luto com outros escopos e projeções.

---
[1] Tradução Regina Sordi, revisão Neusa Hickel, 2021.

Todos os textos deste livro dão conta, de maneiras diferentes, dessa fertilidade.

O reencontro **em** Alicia e o impulso que **sustenta** novas pesquisas.

Ninguém falou na reunião para repetir o que já havia pensado, mas o que vinha sentindo e pensando e re-cordar ("passar novamente pelo coração") e poder continuar pensando e trabalhando.

O mesmo com os textos: escreve-se tropeçando nas palavras, procurando, balbuciando o que é novo, o que está por vir.

Escreve-se para pensar, para se inscrever em uma trama coletiva (aquela "superfície de inscrição") e para se diferenciar, encontrar-se nas próprias marcas de singularidade "desejante", "sentiente" e "pensante".

Creio que aqui está o testemunho da apropriação do legado de Alicia — tarefa aberta — em um aspecto fundamental: poder — em algo — continuar pensando **com** Alicia, não para repeti-la ...

Algo pessoal: toda essa jornada desde a ideia inicial da homenagem por parte de Clarissa Candiota até hoje, com tantos colegas queridos, me emocionou muito e me desafiou bastante. Acho que os lutos alcançam fechamentos provisórios para poderem reabrir novos planos. É o que acontece comigo.

Algo contextual: o percurso que menciono é atravessado pela tragédia social e pelos choques causados pela pandemia. Esses choques ocorrem em múltiplos planos: visibilidade e crescimento das desigualdades sociais, rupturas em nosso cotidiano — familiares, escolares, comunitárias —, emergências de violências "materiais" e "simbólicas". Os materiais são inseparáveis de seus efeitos subjetivantes e simbólicos. Os simbólicos são indissociáveis de seus efeitos materiais..., choques ecológicos... o forte crescimento do uso com diversos alcances de recursos e dispositivos tele-tecno-midiáticos impõem o exame crítico do pensamento hegemônico que lhes atribui as qualidades de "universalidade", "neutralidade" e "instrumentalidade".

A psicopedagogia clínica deve contribuir para uma tarefa muito ampla, a de evitar que sejamos "roubados da experiência": tornar pensável o que nos acontece como sociedades, como comunidades, como famílias... visto que o sofrimento que não se pode pensar e enunciar, duplica-se em sua magnitude e em seus efeitos subjetivos. Saibamos que estamos atravessando perdas e desafios que não acabarão com o "término da pandemia".

Voltaremos aos mesmos empregos, às mesmas escolas, aos mesmos funcionamentos familiares? Crianças e adolescentes que mostram as marcas do que sofreram e não "se adaptam" serão "diagnosticados" com "déficits" e "transtornos"?

Temos muito para fazer, hoje e amanhã. Também, contribuir para fazer o hoje e o amanhã.

Jorge Gonçalves da Cruz
Buenos Aires, maio de 2021

Prefácio II[2]

Fui convidada pela colega Clarissa Candiota para fazer parte de um Tributo à Alicia Fernández, minha mãe, que foi realizado em formato virtual em setembro de 2020, em meio a uma comoção global devido à pandemia da Covid-19.

Minha primeira sensação foi a de que Alicia mãe, Alicia avó, Alicia esposa... faz muita falta de formas tão variadas, indescritíveis e complexas no dia a dia que a tarefa de recortar um pouco de tudo isso em uma escrita se torna impossível para mim.

Penso que o que posso oferecer é um testemunho sobre a importância crucial deste encontro de colegas dispostas a sustentar — fazer trabalhar — o legado de Alicia para o pensar e o fazer psicopedagógicos, face aos grandes desafios que nos impõem os particulares contextos atuais.

Estamos aqui reunidos pensando nas contribuições de Alicia para a trajetória da psicopedagogia no Brasil e nos tempos que virão em meio ao surgimento de uma pandemia que tem revelado de forma contundente à humanidade uma dimensão trágica e mortal que explode a partir da perspectiva sanitária, mas que ao mesmo tempo, põe em evidência muitas outras tragédias. A tragédia econômica da desigualdade, a tragédia política da falta de direitos, a tragédia ecológica da devastação dos recursos naturais ... tragédias com causas humanas que partem de uma concepção de mundo regida por um imperativo de produtividade econômica onde o ser humano, a natureza, tudo o que "vive" é colocado como mais um objeto na lógica mercantil da exploração, da produtividade e do consumo. E, claro, é necessário dizer algo óbvio: que há discursos e práticas científicas dentro de nossas disciplinas que participaram e participam da dessubjetivação do humano que emana dessa concepção de mundo. São forças que tendem à privatização e descontextualização das vicissitudes da aprendizagem e do sofrimento psíquico — que o localizam estritamente no indivíduo e às vezes até no cérebro desse indivíduo — abrindo as portas à sua mercantilização, ou seja, ao seu "empacotamento" e comercialização sob a mesma lógica de lucratividade, produtividade e consumo.

Nesse contexto, a pandemia e seus efeitos desproporcionais são impostos com força avassaladora. Diante disso, a primeira coisa que

---
[2] Tradução Regina Sordi, revisão Neusa Hickel. 2021

temos a dizer é que não há psicopedagogia possível, desvinculada do momento histórico que habitamos e que nos habita.

Frente ao choque e à incerteza de que tudo isso produz em nossas vidas em geral, e em nossas práticas profissionais em particular, algo que sempre conhecemos, mas talvez hoje mais do que nunca ganha força: que diante dessas tendências de dessubjetivação, precisamos criar espaços de encontros favorecedores da emergência de outras forças, aquelas das utopias compartilhadas.

Assim, correm as águas sob a terra fértil entre aqueles de nós que compartilhamos a boa semeadura de Alicia, e cresce outra coisa que já conhecíamos: que a Psicopedagogia como Alicia a concebia é o vento da vida, que resiste à dessubjetivação, objetificação e morte.

Com liberdade de pensamento, rigorosa nas conceituações, militante nas convicções... Alicia sempre pensou *com* os outros — fossem seus atendidos, aprendesinantes, famílias, professores — criando um poderoso "nós", propondo, criando laços para que brotem as sementes, descobrindo e construindo... Sem reverências dogmáticas nem falsas exatidões, deixou naturalmente que as experiências interrogassem as hipóteses, os enunciados, os diagnósticos, as conclusões — as suas e também as dos autores com quem estava em permanente diálogo —, mas sem nunca perder de vista nem as perguntas que nortearam suas próprias buscas conceituais (aquelas que questionam a especificidade do campo da psicopedagogia) nem os eixos que ancoraram sua posição profissional, que também é logicamente uma posição pessoal, política e ética.

Quais são essas questões e eixos que constituem os alicerces da proposta psicopedagógica de Alicia, posta a trabalhar face à realidade atual? Em torno dessas questões, é possível para mim — como uma filha que por sua vez trabalhou ao lado de Alicia por mais de 20 anos — fazer um recorte que constitui uma contribuição a este trabalho coletivo do Tributo a Alicia.

Nesse recorte, a gratidão surge em primeiro lugar por este encontro com tantos colegas que, de sul a norte do nosso querido Brasil, compartilham o desejo de manter vivo o legado de Alicia, suas contribuições, suas experiências e sua posição na profissão e na vida. É um encontro de grande agitação emocional onde a tristeza pela falta que Alicia funde-se com a alegria deste reencontro.

O oposto de alegria, disse Alicia, não é tristeza. Tristeza e alegria caminham juntas, nascem no mesmo terreno porque têm a ver com a comoção pelo que nos acontece, pelo que nos rodeia e pelo impacto que tudo isso tem em nós mesmos. O oposto da alegria é o tédio, omitir-se, desvitalizar-se, anestesiar-se, desaparecer, deixar de investir afetuosamente no mundo e em si mesmo... Ninguém poderia se interessar pelo mundo se não encontrasse primeiro algo interessante em si mesmo e ninguém poderia achar-se interessante se não fosse por ter sido acolhido em espaços de encontro onde outras pessoas lhe dirigiram um olhar atento e interessado.

Não pode haver uma psicopedagogia desligada do mundo que habitamos e que nos habita. Tampouco pode haver uma intervenção psicopedagógica desvinculada dos mundos habitados por esse menino, essa menina, essa adolescente, esse atendido.

Esse é um dos alicerces da postura psicopedagógica que Alicia apresenta e é uma posição muito importante com a qual pensamos e trabalhamos. Não se pode esperar que um menino, uma menina, um adolescente, um ser humano se interesse pelo mundo se não recebeu um olhar interessado do mundo, um olhar que os tornem interessantes. Não se pode pretender que um menino, uma menina ou um adolescente aprendam se não for no seio de um vínculo afetivo com outros que o reconheçam como "interessante", ou seja, que o acolham como autor, pensante e desejante.

Nesse sentido, o objeto da psicopedagogia clínica, o que a caracteriza e a define é o trabalho em busca da promoção de espaços objetivos e subjetivos de autoria do pensamento, nos quais o sujeito pensante e desejante seja reconhecido em sua singularidade, habilitando-se a aceder a alguma "criação singular" nesse espaço de diferenças "entre" o que se ensina e o que se aprende — que é a verdadeira superfície da aprendizagem humana. Isso sempre ocorre na intersubjetividade, nos "espaços entre" uns e outros porque o olhar dos outros significativos é necessário para sustentar e legitimar os esboços de autoria entre o terapeuta e o paciente, entre o professor e o aluno, entre o psicopedagogo e o professor com quem está trabalhando ou pensando sobre um assunto com as especificidades que cada espaço possui. "Aprender" é conseguir produzir alguma diferença, alguma marca de singularidade naquele terreno compartilhado, que ao mesmo tempo constitui o sujeito como "aprendente".

A característica do trabalho psicopedagógico, nessa perspectiva, consiste em criar um tempo e um espaço onde seja possível reconhecer-se como sujeito pensante e desejante, onde algum efeito de autoria seja possibilitado - mesmo nos campos mais complexos ou, talvez possamos dizer, quanto mais hostis pareçam ser as condições ou os contextos iniciais.

Esta talvez seja, para aqueles de nós que pensamos com o legado de Alicia, um dos principais desafios a que somos convocados como profissionais e como habitantes e participantes ativos no momento histórico em que vivemos.

Trabalhar pela construção de espaços subjetivos e objetivos onde o outro com quem interatuamos seja reconhecido como sujeito pensante e desejante, como alguém com quem possamos construir juntos, como alguém que tem algo a dizer sobre o seu padecer, sobre o seu sofrimento, sobre o seu mal-estar -talvez muito disso ainda não dizível, não sabido, mas que podemos ajudar a construir — com o outro, que também sabe de seus recursos, de suas potencialidades, de tornar experiência algo do que viveu, para transformá-la.

Nesse sentido, a psicopedagogia clínica se constitui em um lugar de resistência de vida, de resistência do humano contra a coisificação do outro — que, no seio dessa visão de mundo sobre a qual falávamos em um nível mais amplo no quadro da pandemia — hoje explode estrondosamente diante de nossos olhos. No entanto, todos podemos ver dolorosamente que por mais sonante que seja a eclosão da coisificação do outro, nada garante que esse ruído vá fazer com que as coisas mudem por conta própria, se não houver ouvidos disponíveis para escutá-lo.

Enquanto pensava neste Tributo a Alicia que se passa neste comovente contexto, fui presenteada com uma cena de um filme que Alicia descreve no seu último livro *A Atenção Aprisionada*, num capítulo dedicado a pensar sobre o silêncio. Esta cena narra o reencontro de duas velhas amigas que sofreram o bombardeio atômico de Nagasaki, em que ambas perderam parte de sua família, tiveram que fugir no contexto daquele horror e não se viram por muito tempo. Depois de anos, acompanhadas por seus netos, preparam um reencontro. Os netos observam de longe o encontro em que as amigas, já idosas, olham-se, observam-se, servem chá, sentam uma ao lado da outra amorosamente, mas é um encontro em silêncio. No final do encontro, um dos netos se aproxima da avó e pergunta com curiosidade como é que este encontro tão desejado, tão esperado transcorreu em silêncio, sem palavras... E a avó respondeu algo como "só no silêncio é possível comungar alguns sentimentos para os quais não há palavras"... é um encontro compartilhado, silêncio habitado, onde desde o início precisamos atender ao outro e a nós mesmos, aquietar-nos, não colocar de imediato um sentido que feche todos os múltiplos sentidos que aí possam surgir, não dar nome de entrada a essa dor, à comoção, para ir dando espaço a múltiplos sentidos que vão sendo construídos...

Alicia dizia que esta cena mostrava artisticamente algo crucial da posição psicopedagógica nos espaços terapêuticos e educativos, no trabalho com grupos de crianças, adolescentes e com professores... algo crucial nessa posição como a disposição para sustentar um encontro com um outro, lugar de construção de sentidos e onde não há imposição de sentido na urgência de nomear a dor... dar tempo, esperar, abrigar, ocupar o lugar do outro como sujeito pensante e desejante com quem construir... Em tempos de tanta convulsão social acho isso ainda mais importante.

Algo assim temos que fazer a partir dos nossos espaços profissionais face aos desafios que o futuro nos impõe. Desafios que já no final deste texto — que na verdade constitui uma abertura — tomam a forma de algumas questões:

Como podemos oferecer, a partir de nossos espaços de trabalho cotidiano, oportunidades para que na atual conjuntura crítica se fortaleçam forças mais lúcidas, transformadoras e criativas e menos forças totalitárias e cerceadoras de direitos?

Diante do grande sofrimento — de todos os tipos, mas também psíquico que advém da situação atual — como sustentar / defender intervenções singularizantes-subjetivantes frente aos reducionismos psicopatologizantes que privatizam e mercantilizam o sofrimento?

Como trabalhar em uma psicopedagogia que incentive mais construções coletivas e menos desvios autoritários, para abrir novos horizontes possíveis?

São perguntas para serem trabalhadas em espaços coletivos, no quadro de uma situação planetária crítica mas cujo fim está em devir e que obriga a promover encontros que permitam — no pensamento e na ação — historiar o passado a partir do presente para forjar um futuro... do qual indefectivelmente fazemos parte, porque não é um futuro que está aí pronto, à nossa espera algures, mas que está em construção.

No momento de concluir este texto, depois de ter revisitado tantas memórias profissionais, pessoais, familiares e pessoais de Alicia, fui presenteada com uma cena compartilhada em 2010. Entrávamos na casa dos meus pais, "a casa de Castelli", com meus filhos, Lautaro e Facundo. Meus filhos - que naquela época almoçavam com os avós praticamente todos os dias — e, assim como todos os dias, entraram na casa felizes e correndo como se estivessem entrando em um parque de diversões. Entraram em busca de Alicia, que também ao ouvi-los chegar, sempre corria, literalmente, de algum lugar da casa para se encontrar com eles e abraçá-los. Também, como todos os dias, Alicia estava às voltas com papéis, livros e lápis na mesa da cozinha. Depois do abraço, Alicia empilhou todos aqueles papéis em um canto da mesa - que logo tomariam a forma de *A Atenção Aprisionada*, seu último livro. Aqueles textos nos quais com certeza dedicou-se por horas, com a emoção apaixonada com que fez tudo o que foi importante em sua vida, de repente tornaram-se uma pilha de papéis apressadamente desordenados em um canto da mesa onde nos sentamos e onde só importou o riso, as torradas, os olhares, os doces, as carícias na mãozinha do Facu, as histórias do Lauti, da escola, os planos de uma viagem compartilhada, a borboleta que voava e se aproximava da nossa mesa ... Nesse dia, a certa altura, enquanto mexia na pilha de papéis, minha mãe me disse: "Estou terminando o livro e vou voltar ao tema do início, Maria, a Introdução. O mais difícil, Maria, em escrever um texto é colocar o ponto final. Eu sempre prefiro as reticências.".

Parece que a vejo, com aquele sorriso, no momento em que concluo este texto e, então volto ao seu início —assim como ela, naquele dia- para dizer o mais óbvio: que assim como sentimos uma falta diária de Alicia nas formas mais variadas e complexas, ela está presente com a mesma potência indizível, habitando cada um de nós e principalmente "entre" nós.

E não só entre nós, sua família, mas também como pode ser visto nos belos textos que compõem este livro entre seus "aprendesiantes".

Porque Alicia sustentou os fundamentos de sua proposta psicopedagógica — para além do consultório — nos grupos de formação de psicopedagogos, nos encontros com os professores e em todos os vários espaços do seu trabalho profissional com tamanha naturalidade que parecia preceder a uma escolha teórica. Em primeiro lugar, tratava-se de assumir uma posição ante a vida.

Acho que este livro, na magnífica riqueza de contribuições, testemunhos e experiências que reúne, de tantos colegas que compartilharam espaços com Alicia, é a mostra viva do poder criativo e transformador que pode ser fomentado nas pessoas quando um espaço é possibilitado e onde a proposta psicopedagógica se desdobra com sua força emancipatória.

Felizmente, este final de texto é realmente apenas uma abertura...

Maria Sol Gonçalves da Cruz
Buenos Aires, maio de 2021

SUMÁRIO

ALICIA FERNÁNDEZ: TESSITURAS ENTRE VIDA E OBRA 28
Iara Wrege
Marlise von Reisswitz
Clarissa Candiota

UM INÍCIO DE CAMINHO: A INTELIGÊNCIA APRISIONADA 43
Manuela Barbosa
Marisa Nicolau
Eliane Cansanção

MORANDO NO BRINCAR 57
Yara Stela Rodrigues Avelar
Rosires Maria Ramos Ielo
Maria da Graça von Kruger Pimentel

RUMOS À CAPACIDADE ATENCIONAL 78
Iara Wrege
Marli Silveira Cardozo
Neusa Kern Hickel
Regina Orgler Sordi
Vera Mendes dos Santos

COMPONDO ESCRITAS 100
Iara Caierão
Nilce Azevedo Cardoso e Iara Caierão
Julia Eugênia Gonçalves
Susi Rodrigues de Sá
Hortência Vital
Marina Silva

SOBRE OS PARTICIPANTES 153

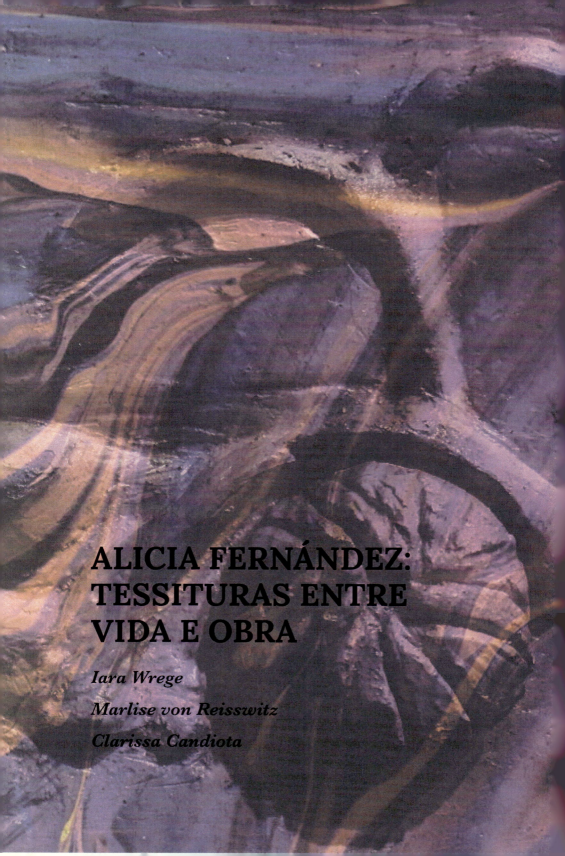

ALICIA FERNÁNDEZ: TESSITURAS ENTRE VIDA E OBRA

Iara Wrege

Marlise von Reisswitz

Clarissa Candiota

ENTREVISTA COM JORGE GONÇALVES DA CRUZ EM 12 DE MARÇO DE 2020

Jorge: tudo bom?

Iara: olá. É com alegria que recebemos a participação de Jorge Gonçalves da Cruz, marido e companheiro da Alicia Fernández, nesse evento organizado pelas psicopedagogas Clarissa Candiota e Zeza Weyne, com o objetivo de promover o tributo à Alicia Fernández, nossa mestra e, para muitos dos participantes, terapeuta e amiga. Jorge Cruz, sendo psicólogo e psicanalista, o mais psicopedagogo que eu conheço, vai nos proporcionar um relato da vida de Alicia que não está nos seus livros e que foi importante para a construção de sua teoria, nomeada por nós como Psicopedagogia Clínica, Marlise!

Marlise: então, Jorge, a palavra está contigo. Poderia iniciar contando o início da carreira profissional da Alicia?

Jorge: posso, sim. Bom dia, boa tarde, boa noite, dependendo do horário que a pessoa vá assistir. Eu, primeiro, quero agradecer às pessoas que tomaram a iniciativa de organizar este evento, às pessoas que vão estar dando o seu depoimento e a todos os participantes. Bom, eu posso falar um pouco da história de Alicia. Ela nasceu num bairro da cidade de Buenos Aires de classe média. Fez os estudos de primeiro grau — o primário — na escola pública, depois, passou para fazer o nível médio numa escola de freiras. Evidentemente, Alicia tinha preocupações, envolvimento, com os assuntos das aprendizagens. Naquela época, alguém poderia virar professor do ensino primário ao mesmo tempo que assistia à escola média — quer dizer, aos 18 anos, Alicia formou-se como professora. Desde os 15 anos, fazia parte de uma iniciativa para oferecer apoio escolar e aulas de alfabetização num bairro carente, que era relativamente próximo de sua casa — o que aqui, em Buenos Aires, chamamos de "Villa Miseria". Aos 18 anos, começou a trabalhar como professora numa escola da periferia. Aos 21, já começou a trabalhar no sistema escolar da grande Buenos Aires como psicopedagoga, porque se tinha criado, nesse momento, o que se chamava de "gabinetes escolares", alguma coisa como as atuais equipes de orientação escolar, só que muito voltado para trabalhar com os alunos fazendo diagnósticos individuais e, então, encaminhando para atendimento fora da escola. Não se fazia trabalho em grupo, não se trabalhava com os professores, principalmente, tratava-se de ministrar testes e fazer encaminhamentos. Evidentemente, Alicia não estava cômoda com esse tipo de trabalho. Formou-se como psicopedagoga. Psicopedagogia só tinha a carreira numa universidade privada, a Universidade del Salvador. A orientação tinha muito a ver com uma mistura, poderíamos dizer, de conhecimento da neurologia, diagnósticos neurológicos, e bastantes noções de Pedagogia, Psicologia Evolutiva e Didática. Quer dizer que havia pouca consideração das especificidades das aprendizagens e dos contextos. Já tinha uma professora que introduzia Piaget na Argentina, ele entrou antes que Vygotsky — e Alicia ficou muito grata a uma professora que recomendou a leitura de algum capítulo de um livro de Eduardo Pavlovsky, que foi quem introduziu o psicodrama psicanalítico na Argentina. E ali, Alicia deparou-se com outro mundo, o mundo do psicodrama e o trabalho clínico com crianças, porque o texto especificamente falava do trabalho com crianças e fazia uma série de referências a Donald Winnicott. E isso eu acho que tem muito a ver com as pesquisas de Alicia. Ao finalizar a Psicopedagogia — ou quando estava concluindo — com um grupo de amigos, resolveu estudar também Psicologia. De fato, ali foi onde nós conhecemo-nos, estudando Psicologia. Os avatares políticos da Argentina, que em muitas coisas são semelhantes aos do Brasil, período democrático, Ditadura, Golpe de Estado, fizeram com que, naquele mesmo ano — 1966 — houvesse um golpe militar, e a faculdade foi fechada. Ali, eu diria que isso nos deu também certa liberdade para ir à procura do tipo de formação que cada um se interessava naquele momento, a nível privado, grupos autogestivos etc. Alicia começou a fazer a formação em Psicanálise, paralelamente, eu também — por outros caminhos, poderia dizer — porque, na época, eu estava mais interessado nas novidades que estavam trazendo os primeiros difusores das teorias de Lacan. E Alicia estava mais envolvida com o trabalho clínico, porque ela já estava vivenciando a clínica. Ela tinha interesse em se formar também em psicodrama. Uma característica que sempre teve Alicia foi que ela passava por essas diversas experiências sem esquecer as suas perguntas e as suas pesquisas: como intervir nos espaços de aprendizagem mais ou menos formais, na escola, na família, nos grupos de profissionais etc. Então, ela ia tirando o que nesses espaços achava de interesse para ela, ou seja, que podia lhe servir. E, claro, num diálogo com outras disciplinas, como a Psicanálise, como o Psicodrama etc. Paralelamente, desenvolvia outros interesses, sempre com a mesma característica, quer dizer, ela interessava-se nos movimentos estudantis, nos movimentos sociais, mas os acompanhava desde sua inquietação sobre o que fazer em educação e com as aprendizagens.

Algo semelhante aconteceu com os movimentos feministas. Naquela época, o movimento que estava mais ativo era de alguns intelectuais. Algumas delas chegaram a ser bastante reconhecidas por sua atividade artística, como a diretora de cinema Maria Luisa Bemberg. Alicia aproximou-se com algumas amigas desse grupo, mas sentia certo incômodo, porque suas perguntas, suas experiências tinham muito mais a ver com as condições de vida das mulheres de nível socioeconômico mais baixo, pessoas marginalizadas etc. Com o grupo de amigas, ela criou uma publicação, uma pequena revista, que, um tanto provocativamente, chamava-se *Muchacha*. *Muchacha*, em Argentina, quer dizer uma mulher jovem, mas também era o nome que se dava às mulheres que faziam as tarefas domésticas contratadas, fora da casa — empregada doméstica. Era uma maneira de marcar...

Iara: pejorativamente.

Jorge: sim. E Alicia pegou isso num certo sentido provocativo, para se diferenciar do que eram as discussões daqueles grupos feministas que tentavam levar em conta as condições das mulheres de nível socioeconômico alto.

Iara: isso foi em que época, Jorge?

Jorge: 1966, 1967.

Iara: porque vocês dois vieram para o Brasil numa época. Na época da Ditadura da Argentina, vocês vieram para o Brasil. E era uma das questões que nós temos, por que o Brasil?

Jorge: numa ditadura posterior. Essa primeira ditadura iniciou-se em 1966, depois, tivemos, a partir de 1972, 1973, um breve período democrático. Ali foi quando Perón voltou para a Argentina e voltou a ser presidente, morreu, e ali temos a última ditadura militar, no ano de 1976. Com Alicia, já éramos um casal desde 1968. No ano de 1976, as condições estavam bastante complicadas para as nossas atividades. Alicia trabalhava com Sara Paín no primeiro centro de aprendizagem que tinha criado Sara Paín num hospital público de Buenos Aires, o Hospital Piñero. O centro foi fechado. Esse era um centro muito interessante, faziam parte psicólogos, psicanalistas, psicopedagogos, fazendo uma experiência de trabalho, recebendo crianças que eram diagnosticadas nas escolas como tendo dificuldades de aprendizagem escolar, e trabalhava-se junto dos pais, das mães que a acompanhavam. Sara Paín escreveu um livro dando conta de toda essa experiência — a primeira experiência no Hospital Piñero — *Diagnóstico e tratamento dos problemas de aprendizagem*. Também Pavlovsky tinha sido expulso do país. Quero dizer, iam se fechando diversos espaços de atuação que poderíamos ter. E, portanto, nós resolvemos nos retirar, autoexilar-nos um período no Brasil.

Iara: por que o Brasil, Jorge? Por que escolher o Brasil? É uma curiosidade nossa.

Jorge: sim. Eu acho que tem um pouco de acaso e tem um pouco de determinações diversas que intervêm. Por um lado, o fato de eu ser filho de portugueses fazia com que eu tivesse certa afinidade ou proximidade com a cultura portuguesa e com o Brasil. Por outro lado, o médico que acompanha a gravidez de Alicia sugeriu, "eu tenho uma pessoa que vocês poderiam ver, que tem trabalhado comigo, chama-se tanto e tanto, que mora em Porto Alegre". E, assim, escolhemos Porto Alegre com a vantagem da proximidade com a Argentina.

Iara: está bem. E o que nesse período... Vocês ficaram aqui dois, três anos, morando em Porto Alegre?

Jorge: sim. Mais ou menos isso.

Iara: mais ou menos isso. E nesse período que vocês estiveram aqui, vocês aproveitaram como? Trabalharam? Eu me lembro de que você trabalhava em artesanato — isso eu me lembro.

Jorge: sim. Para sobreviver, ingressei num trabalho com artesanato.

Iara: mas não só, Jorge. Vocês fizeram uma relação com pessoas daqui que tinha a ver com teatro.

Jorge: sim, começamos a ter diversos relacionamentos. O que fazíamos em termos de artesanato era Batic. Num dado momento, uma prima de Alicia, psicóloga, com a qual ela e sua família estavam morando em Porto Alegre, fomos juntos na Escola Municipal de Arte, continua, hoje em dia, a mesma escola em Porto Alegre? María Sol, nossa primeira filha nasceu em Porto Alegre nesse momento, 1977.

Iara: não sei dizer. Sabe, Marlise? Não tenho conhecimento.

Marlise: Não.

Jorge: soubemos que estava anunciado que ali ia haver um professor — acho que de Santa Maria — para ministrar um curso de Batic. E nós resolvemos assistir para conhecer a pessoa, relacionar-nos, participando desse curso. Por acaso, aconteceu que estava fazendo parte uma filha de Esther Grossi no curso, ali conhecemos Esther Grossi. Por via de Esther Grossi, encontramo-nos com um psicanalista argentino, que estava também em Porto Alegre.

Iara: quem era?

Jorge: Miguel Massolo. Também nos reencontramos com Alfredo Jerusalinsky, com quem eu já tinha tido uma relação. Os caminhos são um tanto estranhos, porque, nessa época, os dois, Alfredo e eu, estávamos fazendo parte de um centro de estudo que tinha sido criado por Rolando Garcia em Buenos Aires — naquela época, ali estávamos trabalhando e participando em algumas pesquisas na área da Psicologia Genética, na área da Epistemologia Genética. Ali, faziam parte, lógico, muitas pessoas conhecidas dessa área. Ali tínhamos nos conhecidos, mas os dois estávamos mais encaminhados para os conhecimentos da Psicanálise, e a nossa procura era próxima a uma clínica psicanalítica. Nesse tempo no Brasil, nenhum de nós, eu não era formado ainda em Psicologia, formei-me na volta. Dos três que estavam ali, Alicia era psicopedagoga, a prima dela e o marido, psicólogos com formação psicanalítica, mas não desenvolviam atividades profissionais. Acho que, em parte, tinha a ver com que estávamos muito colocados numa situação de provisoriedade, de transitoriedade... Tem alguma coisa a ver com esse período que hoje estamos vivendo, da pandemia também.

Iara: é parecido.

Jorge: nesse sentido. É como se fosse uma certa suspensão de alguns aspectos, os próprios projetos, a própria vida, aguardando o momento que isso passe, o qual eu diria que devemos tomar cuidado, porque, se alguém fica só aguardando o final dessa etapa com uma ilusão de que "tudo vai voltar à normalidade", vai ser bastante difícil aproveitar esse tempo com as possibilidades, as perguntas e os conflitos que nos deparam. Acho que, naquele período, conseguimos aproveitar bastante, em termos de olhar com um pouco de perspectiva os acontecimentos da Argentina, os grupos profissionais com os quais tínhamos estado próximos e repensar e aprender sobre uma série de assuntos. Também acontecia que todos tínhamos alguma relação com Sara Paín, porque esses parentes de Alicia tinham morado em Mar del Plata, tinham trabalhado com Sara Paín na sua cadeira na Universidade de Mar del Plata, tinham feito parte de um projeto de criação de uma escola cooperativa, comunitária, que era levada adiante pelos professores e os pais das crianças, organizados como cooperativa, e tinham convidado a Sara Paín para que orientasse o trabalho nessa escola. O primeiro livro de Sara Paín, *Programação analítica para uma iniciação escolar*, foi escrito em relação a essa experiência naquela escola de Mar del Plata. E Alicia vinha trabalhando no centro de aprendizagem do Hospital Piñero quando Esther Grossi perguntou se teríamos alguma pessoa para recomendar, estabelecendo um relacionamento para o trabalho que estava desenvolvendo, e sugerimos o nome de Sara Paín. E, por sua vez, quando já tínhamos voltado a Buenos Aires — imagino que, no ano 1980, mais ou menos, ou 1981, acho que deve ter sido 1980 —, Sara Paín escreveu para Alicia que estava sendo convidada para participar de um congresso que ia acontecer em Gramado, que Esther Grossi estava organizando ou era parte da organização. Sara Paín convidou Alicia — ou Alicia perguntou a Sara, não sei — se poderia acompanhá-la, e ali foi uma espécie de primeiro relacionamento profissional de Alicia com o Brasil, não porque tivesse tido uma participação nesse evento, mas, sim, porque estabeleceu alguns relacionamentos. Ela recebeu um convite de Rosires Ielo do Rio de Janeiro, para viajar até o Rio de Janeiro e ministrar algum curso, algum seminário, e esse foi o começo do trabalho de Alicia no Brasil. Entretanto, em Buenos Aires, nós desenvolvemos uma série de projetos, criamos uma equipe de profissionais para o atendimento de crianças, adolescentes e suas famílias — isso, a nível privado. Depois, Alicia conseguiu um acordo para criar o centro de aprendizagem no Hospital Posadas. Na época, eu trabalhava na Faculdade de Psicologia, na Universidade de Buenos Aires. A primeira cadeira que eu entrei para trabalhar na Faculdade de Psicologia foi a cadeira de Sara Paín, que trabalhava com assuntos de diagnósticos psicológicos e, especialmente, voltada para os testes psicométricos, avaliações, mas que Sara Paín fazia todo um trabalho para situar num contexto da escuta clínica e para interpretar as produções das crianças, dos adolescentes, nesses testes, numa perspectiva construtivista.

Iara: Jorge, você está na época que a Alicia trabalhava no Hospital Posadas; mais ou menos a época que a Alicia estava elaborando o seu primeiro livro, *A inteligência aprisionada*, ao redor de 1989, 1988, por aí. A Sara foi uma mestra para a Alicia, que sempre a colocava deste jeito, "A Sara foi a minha mestre, eu sou discípula da Sara Paín". Mas, a mim, parece muito interessante que ela fez uma nova forma do esquema de ação. Porque a Sara trabalhava muito com processo de assimilação e acomodação, muito baseado em Piaget. E a Alicia deu um salto, ela começa a trabalhar esquema de ação e significação. Foi nesse período, Jorge... Porque, no livro, já aparece isso — não tanto como no livro do Psicodrama, mas já aparece.

Jorge: sim. Bom, há que pensar que Sara Paín rapidamente voltou para a França, ela não recriou o centro de aprendizagem no Hospital Piñero... Quer dizer, estava em Buenos Aires, mais ou menos no ano de 1984, talvez até começo do ano de 1985, e cada uma continuou os seus percursos. Não é a mesma Sara que podemos ler no *Diagnóstico e tratamento dos problemas de aprendizagem* e em *Estruturas inconscientes do pensamento* no livro *A função da ignorância*.

Marlise: com o Lacan.

Iara: sim. Aqui tem *A função da ignorância* 1 e 2 — em dois volumes.

Jorge: bom, os percursos continuaram por diversos caminhos. Alicia tinha trocas com Sara. Várias vezes, Alicia organizou eventos em Buenos Aires e Sara viajou para ser parte desses eventos. Sim, Alicia foi se envolvendo com uma série de ideias mais pessoais, próprias, eu diria. Na verdade, quando Alicia começa a trabalhar com a sua própria perspectiva no que seriam os espaços clínicos, seus trabalhos com grupos, a inclusão do psicodrama etc.

Marlise: o corpo.

Jorge: cria uma modalidade de trabalhos dentro da clínica com as singularidades próprias do trabalho de Alicia. Também quando criou os dispositivos para atendimento de famílias como o DIFAJ etc. e, em termos mais conceituais, vai fazer todo um percurso a partir das ideias de Sara Paín sobre as modalidades de aprendizagem, onde Alicia vai criar muitas especificidades e muitas diferenças, desenvolvimentos próprios, nesse sentido.

Marlise: é nessa época que vocês entram com a formação de psicopedagogos dentro da E.Psi.B.A.?

Jorge: sim. Nós íamos fazendo muitos trabalhos de formação previamente à criação de E.Psi.B.A. Alicia trabalhava bastante nesse sentido com grupos de estudos a nível privado e, depois, começou a trabalhar com grupos de atendimento psicopedagógicos para psicopedagogos como parte da formação. Eu fazia parte de outro trabalho, onde criamos uma rede dos psicopedagogos que faziam parte das equipes dos hospitais públicos todos os sábados... Fazíamos um encontro durante a manhã inteira num hospital que tínhamos nos facilitado, era um espaço de trocas e, ao mesmo tempo, um espaço de formação. Depois, começamos a desenvolver mais sistematicamente grupos de formação — ali já não era somente a Alicia, senão que compartilhávamos isso nós dois, mais alguns outros colegas. E tudo isso acabou na criação de E.Psi.B.A., que, inicialmente, E.Psi.B.A. estava definido como um Espaço Psicopedagógico de Buenos Aires, mas, rapidamente, passou a ser — utilizando as mesmas iniciais — Espaço Psicopedagógico Brasileiro e Argentino. E depois, porque tínhamos já registrado o nome E.Psi.B.A., informalmente, passou a ser E.Psi.B.A.U. — com o U...

Marlise: Uruguai.

Jorge: começamos a desenvolver também alguns trabalhos com colegas do Uruguai. E ali, paramos com a mudança de nome, porque não dava para seguir acrescentando Paraguai, Portugal, Peru... E essa é a parte da história que, talvez, se conhece mais. A participação da Alicia em encontros, eventos, congressos; mas, principalmente, o trabalho dela no grupo de formação para profissionais na área da psicopedagogia clínica, que é o tipo de trabalho que continuamos desenvolvendo. Depois de alguns anos, acrescentamos os cursos *on-line*, que estava nos inícios do ensino *on-line*, e fomos abrindo diversos espaços temáticos para esses cursos, e Alicia teve uma intensa atividade profissional no Brasil.

Iara: sim, sem dúvida. E ela tinha um carisma, Jorge. Era um carisma fantástico. Ela fazia as palestras, e as pessoas que não a conheciam passavam, imediatamente, a se interessar no trabalho que ela vinha construindo, porque ela tinha um carisma, não era só suporte teórico, era um carisma também, era uma facilidade de falar em público e fazer a palestra de uma forma tão cooperativa com os participantes, com o público, que era uma coisa fantástica. Eu tive oportunidade — eu fiz o meu curso de formação em Psicopedagogia com vocês dois, e isso em 1989. Exatamente na época que vocês estavam abrindo, oficialmente, a E.Psi.B.A., tanto que é a minha certificação saiu pelo GEEMPA. Então, eu tenho bem clara a tua participação nessa construção teórica que a Alicia faz sobre a aprendizagem e, principalmente, sobre as relações de aprendizagem, modalidade. Eu tenho claro isso. Eu estive lendo agora — relendo — *Atenção aprisionada*, e lá na página 20... Eu vou procurar e ler para ti.

Marlise: eu acho que, continuando na fala sobre o E.Psi.B.A., tem um processo que a Alicia coloca, que é o trabalho com o psicopedagogo e com a sua própria história. Acho que esses grupos terapêuticos da Alicia eram algo diferente do que as outras propostas em Psicopedagogia. Daria para falar como isso surge?

Iara: do grupo didático.

Marlise: isso.

Jorge: sim. Alicia sempre teve claro que a construção de um posicionamento psicopedagógico envolvia as histórias da aprendizagem, as modalidades e uma revisão das modalidades de aprendizagem e ensino do psicopedagogo. Ela sempre brincava que, talvez, um arquiteto poderia criar muitas casas bonitas para os seus clientes e morar numa casa inadequada. Já um psicopedagogo não poderia trabalhar com os avatares das aprendizagens das pessoas se não revisasse, ampliasse, ressignificasse a sua própria história de aprendizagem, as modalidades que tinha construído etc. E nesse sentido, eu acho que ela pensou em iniciar com esses grupos para oferecer um espaço tanto mais focado nessas histórias singulares dos participantes, dado que os grupos de formação mobilizam essas histórias — poderíamos dizer, pessoais — e dão uma oportunidade de um trabalho com certa continuidade mais intensa em relação à história de cada um. Nós sempre trabalhamos bastante com a diferenciação do que corresponde a um espaço de formação mesmo, e isso é a modalidade de Alicia, a nossa, de propiciar um envolvimento no trabalho, que não seja um trabalho somente teórico expositivo ou coisa assim. Mas trabalhávamos quais seriam os limites de um espaço de formação e de um espaço terapêutico a esse respeito... E aí posso voltar um pouco sobre o carisma. Para além das características da personalidade de Alicia e sua condição — seja como palestrante, coordenadora de grupo etc. —, eu acho que também isso tem muito a ver com a construção que ela fez de seu posicionamento psicopedagógico. Quero dizer, não era que ela tivesse uma tendência a propiciar a horizontalidade, a participação, o envolvimento subjetivo de cada um, porque isso fazia parte de uma escolha teórica. Era a única coisa que Alicia poderia fazer: trabalhar desse modo, porque isso tinha a ver com o seu posicionamento psicopedagógico.

Iara: uma postura também de vida. Está certo, eu concordo plenamente contigo. E talvez uma das coisas... Enquanto estava falando da questão de o psicopedagogo ter a sua casa, arrumar a si mesmo, a Alicia trazia sempre um pouco da sua experiência de vida, o quanto isso poderia ter a ver com a sua construção. Ontem, eu e a Marlise estávamos conversando, e nós achamos interessante que, para os jovens psicopedagogos que não tiveram oportunidade de conviver com vocês tão perto, especialmente nos primeiros momentos da construção, a Alicia falava que uma pessoa da família, no período militar da Argentina, foi... Como ela dizia? Foi desaparecida.

Jorge: na Argentina, a Ditadura chamou "desaparecidos" as pessoas que sequestrou ou assassinou...

Iara: e eu e a Marlise estávamos comentando: isso que ela traz com a questão do olhar, guardar e esconder, parece que ela também aprendeu a partir da sua vida pessoal, ou não, estamos enganadas?

Jorge: eu acho que os acontecimentos da vida de Alicia sempre a levaram a repensar em termos teóricos, em termos de quais as representações que ela e todos nós carregamos em termos de atravessamentos sociais, desenvolver um pensamento crítico nesse sentido. E é lógico que todas essas experiências de vida a levaram também ao tipo de construção que ela foi fazendo.

Agora, eu diria que em relação à questão do olhar, guardar e esconder, tem muito peso o fato de ela estar sempre e especialmente focada em quais são as condições que possam favorecer as aprendizagens, quais são as condições que possam propiciar e quais são os obstáculos que precisamos remover. Nesse sentido, sempre uma grande preocupação de Alicia tem sido fugir da psicopatologização e da medicalização das aprendizagens.

Iara: sempre foi uma postura de vida, Jorge, de sair da queixa, não ficar aqui se queixando de um contexto que não dá para fazer nada. Ela fez, junto contigo. Vocês fizeram.

Jorge: sim. Temos a ideia de que a saúde é sempre um assunto social, é intersubjetivo, não é um assunto que fique com as pessoas isoladas umas das outras. Isso também é bom lembrar nesses tempos que estamos passando agora, neste período da pandemia.

Iara: achei o trechinho da página 20 do livro *Atenção aprisionada*. Alicia escreve — vou ler em português, porque meu livro está em português —, "a alegria, como a autoria, nutre e é nutrida pela heteroestima mais do que pela autoestima. Estou postulando o termo *heteroestima*, proposto por Jorge Gonçalves da Cruz, em 1996, para recordar que é somente com uma abertura à alteridade, deixaremos falar os outros que nos falam, pois através de estimar e atender os outros, poderemos estimar a nós mesmos". Muito lindo isso, porque, pensando agora nesse momento que estamos vivenciando, a questão da alegria e como isso repercute e como entra o outro nisso. É muito lindo esse teu conceito.

Jorge: sim. Ali, Alicia também fez um esforço — ou nós fizemos — para, por um lado, nos afastar um pouco da ideia de que, no trabalho clínico, só deveríamos levar em conta o que Spinoza chamara de as paixões tristes, de serem...

Iara: Spinoza.

Jorge: portanto, o aparecimento da angústia, da dor. Por um lado, pensamos que é verdade, precisamos — como falava Lacan — não nos deter diante da angústia, mas, sim, se impõe um trabalho que é criar, com as pessoas, e favorecer todos os recursos para o trabalho elaborativo e criativo. E ali também pensamos — e isso, sim, eu diria que é o mérito específico de Alicia — recolher a ideia de quanto é importante a alegria nas aprendizagens e nos espaços clínicos. Só que, para isso, precisamos diferenciar essa alegria das noções banais, superficiais dos "alegrismos" e precisávamos encontrar quais seriam os fundamentos de uma alegria que comovesse o sujeito, que o mobilizasse. E nesse ponto, nós encontramos que a alegria estava muito próxima à criatividade, à autoria, de poder deixar as marcas da própria singularidade nos espaços pelos quais se transita. E Alicia, nesse sentido, procurou resgatar fortemente a alegria vinculada à autoria de pensamento. Uma alegria que não se contrapunha à tristeza, às dores, e sim se contrapondo ao entediamento, ao tédio, à insensibilidade.

Iara: a Alicia nos deixou algum rascunho, Jorge?

Jorge: muitos, porque uma característica quanto à modalidade de trabalho dela, uma característica dela era que pensava paralelamente em diversos assuntos. Então, tinha anotações, pequenos papéis, alguns inseridos nos livros que estava lendo etc. E tudo isso era projeto de escritas. A última coisa que esteve trabalhando, junto com María Sol, onde depois eu entrei com alguns capítulos, foi o texto do último curso a distância, que era uma revisão relacionada com modalidades de aprendizagens e modalidades de ensino, com algumas ideias que foi acrescentando nos últimos tempos, depois de ter escrito o livro *Os idiomas do aprendente*. Pega aquele livro e trabalha alguns assuntos adicionais. Tinha vários projetos que estava desenvolvendo para a escrita, pastas diversas onde iam entrando ideias, papéis etc. Mas não tinha nenhum outro texto que já tivesse forma ou já estivesse...

Iara: formatado. E vocês pretendem organizar esse material?

Jorge: não sei se dá. Alguma coisa, sinto que temos uma certa dívida com Alicia, porque ela investiu bastante energia e tempo de trabalho em relação aos projetos compartilhados, de fazer estudos a partir de alguns recursos que chamamos de "situação da pessoa aprendendo", que não é exatamente uma técnica no sentido da possibilidade de fazer uma estandardização etc. — nem poderá fazer —, mas estava mais pensado como uma ferramenta que possibilitasse os diálogos clínicos. E disso, sim, temos muitas pastas com as contribuições das pessoas, com todo o material que produziram, coisas que produzimos. Então, sinto certa dívida no sentido de dar forma a esses materiais para a escrita de um livro.

Iara: talvez você possa pensar, Jorge, como seria uma alegria para nós, psicopedagogos, poder ver esse material. Eu sei que você também participou dessas pesquisas e está oferecendo o curso — a Marlise fez um curso agora há pouco tempo.

Marlise: sim, sobre a escrita. E me lembrei de que a Alicia tinha muito desejo de escrever um livro sobre isso também. E o próprio curso, muito bom.

Jorge: sim. Esse curso sobre a escrita é outro curso a distância que escrevemos com María Sol em 2017. Os acontecimentos de psicopedagogia nos levaram nesses últimos anos a ter que avançar mais em outros assuntos que estávamos trabalhando com Alicia, mas que não chegamos a escrever juntos. Por exemplo, o último curso a distância, o fizemos em relação à leitura e escrita; mas isso foi porque... É claro que, nesses últimos anos, começou-se a discutir muito sobre a dislexia, e nos parecia que se estava retirando a experiência da aprendizagem da leitura e escrita de seu contexto subjetivo e objetivo. Então, estivemos voltados, com María Sol, para escrever sobre essa área que vão acontecendo nos atendimentos, muitas crianças que aparecem diagnosticadas com suposta dislexia ou sintomas disléxicos, e nós sempre sentimos que é preciso recriar a experiência subjetiva e objetivo de aproximação à leitura escrita antes de se apressar a tirar uma conclusão patologizante.

Os projetos que podemos ter da escrita sempre vão depender também de o que vai acontecendo e os desafios que nos apresentam os contextos de nosso trabalho. Sabemos que ali tem muitas que têm a ver com as correntes de pensamento que vão se impondo temporariamente e pode virar quase que uma "moda", tal ou qual orientação para o trabalho. E, bom, nós tentamos, com base nisso, ir construindo as nossas próprias respostas.

A mesma coisa aconteceu com a escrita que a Alicia fez da atenção aprisionada. Ou seja, ela não suportava que tanta gente falasse em déficit de atenção sem nos dizer, primeiro, o que é atenção. Parece que todo mundo sabia o que era atenção? Se aprende ou não a atender? Como se aprende a atender? Como se atende para aprender? Como se tudo isso não precisasse ser estudado...

Iara: a atenção já está definida séculos e séculos atrás, não precisa falar disso ou não se fala.

Jorge: Alicia não teria se interessado em escrever sobre a atenção e a capacidade de atenção se não fosse porque aparecia nesses desafios do trabalho clínico, do pensamento. E foi interessante, porque os diagnósticos fizeram que também nós, psicopedagogos e psicólogos, devotamos a nos interpelar e aprofundar na pergunta: como se constrói a capacidade de atenção? É o mesmo tipo de atenção ativa nos espaços de aprendizagem, que é aquela atenção que você tem quando está num passeio, quando está trabalhando numa fábrica, numa oficina ou numa empresa? Como funciona e quais são as diferenças? Como se pode recriar condições para que uma criança recupere recursos próprios de sua capacidade de atenção? Ou seja, foi bom o aparecimento desses desafios para nós também, porque tínhamos alguma dívida ali. E acho que, no momento, temos outros desafios...

Iara: a Sara Paín fala do fazer do obstáculo uma oportunidade. É um artigo dentro da revista da E.Psi.B.A., outro dia, Olivia Teixeira me lembrou desse artigo, do obstáculo à oportunidade, do obstáculo à criação. Podemos colocar assim? [Esclarecimento: o artigo citado é de Maud Mannoni, revista n. 7 de E.Psi.B.A., "Hacer del obstáculo una oportunidad" homenajeando a MaudMannoni].

Clarissa: olá. Que riqueza, que espetáculo, muito obrigada! E, realmente, esse evento começa com esta emoção. Eu fiquei aqui ouvindo. Outro dia falávamos do momento estético, e tivemos um. Então, nós vamos seguir no que nós chamamos de roda de conversa, vamos seguir com "charla" sobre a Alicia. E, Jorge, muito obrigada pela riqueza dos depoimentos...

Iara: obrigada, Jorge.

Clarissa: ...que nós tivemos. E teremos, então, a partir de hoje — e amanhã ainda, o dia inteiro — ouvindo e garantindo que a Alicia está conosco e vive entre nós com esse trabalho maravilhoso todo que nós vivenciamos. Muito obrigada. Eu gostaria que você se despedisse, e a gente vai se encontrando.

Jorge: quero muito agradecer o convite que me fizeram para falar no evento que vocês organizaram. Muito obrigado!

Clarissa: obrigada, Jorge.

Iara: agradecemos muito, Jorge. Muito obrigada!

Marlise: foi bom trabalhar contigo, muito obrigada, Jorge.

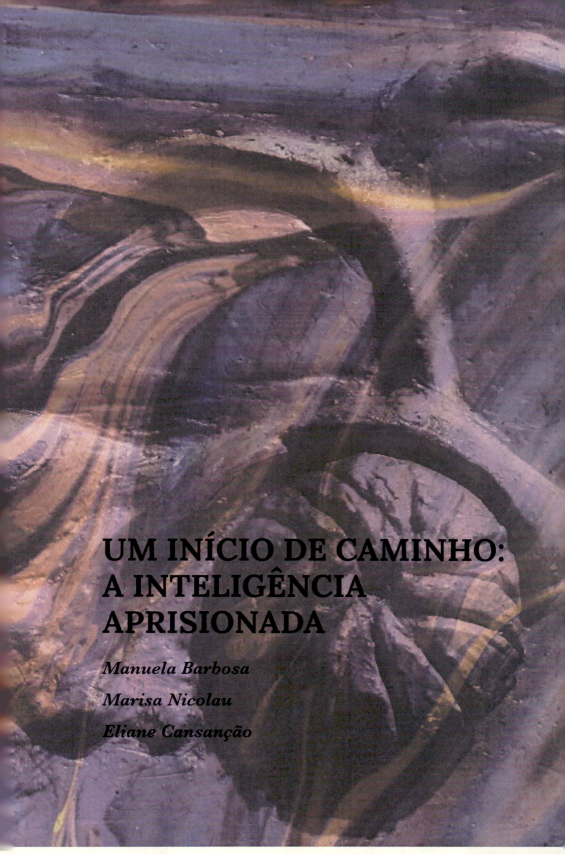

UM INÍCIO DE CAMINHO: A INTELIGÊNCIA APRISIONADA

Manuela Barbosa

Marisa Nicolau

Eliane Cansanção

Em um texto escrito a três, o que não nos falta é histórias para contar. E uma dessas histórias tem personagens em comum: Alicia Fernández e o livro *A Inteligência Aprisionada*, e cenários semelhantes, três mulheres nordestinas que buscavam respostas para o elevado número de crianças e adolescentes com dificuldades de aprendizagem, a partir de contextos diferentes.

Cada uma de nós em uma cidade diferente, em épocas diferentes, com formação de graduação e espaços de atuação diferentes, deparamo-nos com a mesma inquietação: a situação de fracasso escolar e suas consequências na vida de crianças e adolescentes. Três mulheres em busca de respostas para algumas perguntas: como podem existir tantos estudantes com problemas de aprendizagem? Quais as causas desse número tão alto? O que faz com que uma criança comece a desejar aprender? Como a subjetividade é entendida nos processos de aprendizagem? Como a relação familiar pode contribuir para o sucesso ou fracasso acadêmico? O que cabe à escola em meio a essa situação?

Encontramo-nos, então, primeiro com a obra. O livro *A Inteligência Aprisionada: abordagem psicopedagógica clínica da criança e sua família*, publicado no Brasil em 1990, chegava até nós em anos distintos, mas provocava uma reação semelhante: o encantamento com uma proposta que olha para o sujeito em situação de aprendizagem de forma compreensiva e integral. Vimos, neste livro, um ponto de partida para encontrar as respostas que há tempos buscávamos.

Do encontro com o livro, nasceu o desejo de conhecer quem o escreveu. Quem era essa mulher que nos fazia pensar a partir de outro ponto de vista e que, ao nos permitir construir um novo paradigma sobre a aprendizagem, nos direcionava a elaborar novas perguntas, a repensar nossa história como aprendentes?

Encontramos Alicia Fernández em tempos diferentes e espaços diferentes. A cada encontro, gestamos a alegria e a autoria. E que surpresa! Não a encontramos sozinha. Ao lado de seu companheiro, Jorge Gonçalves da Cruz, no E.Psi.B.A. (Espaço Psicopedagógico Brasil — Argentina — Uruguai) abria-se diante de nós um espaço de formação pessoal e profissional que nos acolhia de forma maternal e segura para a construção de novos vínculos com a aprendizagem e a ressignificação do nosso olhar para nossa própria história e para a escuta aos nossos atendidos.

Formação em Psicopedagogia Clínica, formação em Psicodrama, Grupos Ddidáticos terapêuticos, cursos a distância, grupo de estudos em Winnicott aplicado à Psicopedagogia... Cada uma de nós participou ao máximo das possibilidades de aprender e ensinar no E.Psi.B.A. Cada uma de nós saiu transformada e disponível para contribuir para a transformação de outras pessoas.

Nosso desejo de manter viva a memória de Alicia Fernández e de honrá-la que nos acolheu de forma singular, também nos moveu a participar do "I Tributo à Alicia Fernández: de Norte a Sul do Brasil", atendendo ao convite de Zeza Weyne e Clarissa Candiota, organizadoras do evento, em 2020, para representar a Região Nordeste do Brasil. Este trabalho é fruto dessa jornada, cuja semente foi plantada há muitos anos e que agora temos o prazer de compartilhar, não para apresentar respostas, mas para abrir novos espaços de perguntas. Nossa contribuição tem por objetivo revisitar o livro *A Inteligência Aprisionada*, articulando alguns dos conhecimentos que adquirimos com ele e o saber construído na relação com Alicia Fernández. Esperamos que vocês que nos leem, sejam mobilizados a (re)visitar este livro que marcou o começo da nossa jornada na construção da nossa autoria de pensamento e possa encontrar nele novos espaços e formas de pensar a sua própria história.

Um novo olhar a partir do livro

Escrito a partir da experiência do DIFAJ — Diagnóstico Interdisciplinar e Familiar da Aprendizagem em uma Jornada, que acontecia no Hospital Posadas, em Buenos Aires, é um livro que está longe de se restringir a um manual para aplicação de técnicas ou indicações de leituras. E já nas suas primeiras páginas, ainda na introdução, somos surpreendidas com a postura de Alicia que, apesar de relatar dificuldade em escrever, propõe-se a colocar suas ideias em um espaço transicional, espaço lúdico e criativo que favorece a ressignificação dos próprios vínculos com a aprendizagem. Olhar a dor para poder ressignificar. Assim, ela começa a nos ensinar que cuidar de si é imprescindível para quem se propõe a cuidar do outro.

A Inteligência Aprisionada é um convite a ampliar o olhar para ver os aspectos saudáveis do sujeito em detrimento do seu possível adoecimento. Alicia convida-nos a ver a potência do sujeito antes dos seus possíveis *déficits*... e ela faz isso (se)mostrando como brincar com as palavras, com a escrita e com as marcas de sua passagem. Brincando com as palavras para pensar sobre e a partir delas.

Essa conduta que amplia o olhar e a escuta é responsável por um movimento de despatologização dos processos de aprendizagem. Compreendendo que, na aprendizagem, existe uma articulação entre inteligência e desejo, entre família e sintoma, o que nos permite a construção de um novo paradigma: o da circularidade causal dos problemas de aprendizagem, que nos permite afirmar que as dificuldades não se instalam somente no organismo, ou na cognição, mas inclui todo o contexto no qual o sujeito está inserido, inclui os sistemas familiar, escolar e sociocultural. Alicia destaca:

> Os fios da tela do bastidor a partir do qual vamos poder interpretar a etiologia dos problemas de aprendizagem são o organismo, o corpo, a inteligência e o desejo; na trama deste bastidor vamos encontrar desenhados a significação do aprender, o modo de circulação do conhecimento e do saber dentro do grupo familiar, e qual é o papel atribuído à criança em sua família. (FERNÁNDEZ, 1991, p. 39)

Ela deixa claro que não existe uma única causa ou situação determinante para um problema de aprendizagem, o que nos impulsiona a perceber a relação existente entre o sujeito e o conhecimento, a olhar detidamente o tipo de vínculo construído, ou seja, ela convida-nos a escutar e olhar considerando a história de vida de cada atendido e de sua família, como se dá a circulação do conhecimento, como se constrói a representação simbólica individualmente e no contexto familiar.

A partir desse olhar e escuta, diferente de ver e ouvir, que é inclusivo, compreensivo, implicado, perceberemos que nem tudo é doença, e aquele de quem se queixa não aprender, aprende de um jeito diferente e pode ser o porta-voz de um sintoma que envolve toda a estrutura familiar, ou ainda pode ser uma reação às violências sofridas no espaço escolar.

A construção do sentido do aprender, que é particular a cada sujeito, torna a contribuição de Alicia neste livro para além da Psicopedagogia. Permite que pais possam repensar sua forma de se relacionar com os filhos e de se comunicar no espaço familiar, permite que educadores repensem suas propostas e escolas possam ressignificar seus projetos educacionais, permite que profissionais da saúde, em especial da saúde mental, possam compreender a queixa, as demandas e os conflitos psíquicos dos seus atendidos.

Ao falar da função da aprendizagem e da aprendizagem como função, Alicia, fazendo referência à Sara Paín, destaca que não se trata apenas de um processo cognitivo ou pedagógico, mas parte do princípio que se trata de uma construção de conhecimento que nos humaniza, que nos permite ser e estar. Sendo assim, esse conhecimento é "ensinado" por meio de sinais, de representações, que cada um pode transformar e reproduzir. No entanto, Alicia nos alerta que a criação de um espaço de confiança é indispensável para que a aprendizagem aconteça. "Não aprendemos de qualquer um, aprendemos daquele a quem outorgamos confiança e direito de ensinar" (FERNÁNDEZ, 1991, p. 52).

É a partir dessa relação de confiança que cada pessoa constrói sua modalidade de aprendizagem, ou seja, sua forma de se relacionar com a aprendizagem. Esse é um conceito que estará presente nos outros livros escritos por Alicia Fernández e é essencial para a compreensão de sua proposta para a Psicopedagogia, e que demanda uma compreensão para além da classificação dos mecanismos de assimilação e acomodação, embora os inclua.

Para compreender o conceito de Modalidades de Aprendizagem, é preciso recorrer à compreensão do ponto de partida: a própria definição de aprender, cuja forma de olhar pode modificar todo o percurso.

Para Alicia Fernández,

> [...] a aprendizagem é um processo cuja matriz é vincular e lúdica e sua raiz corporal; seu desdobramento criativo põe-se em jogo através da articulação inteligência — desejo e do equilíbrio assimilação — acomodação [...] Para dar conta das fraturas no aprender, necessitamos atender aos processos (à dinâmica, ao movimento, às tendências) e não aos resultados ou rendimentos (sejam eles escolares ou psicométricos) (FERNÁNDEZ, 1991, p. 48).

A partir do sujeito e de suas primeiras experiências no grupo familiar, cada um de nós vai construindo uma forma muito particular de interagir no mundo, de se vincular e relacionar-se com os outros, com os objetos de conhecimento, com os objetos de desejo... e conosco mesmos.

Também, desde o nascimento, deparamo-nos com o não conhecer, com os escondidos, os segredos, os não ditos e, consequentemente, seus impactos.

Para a construção dessa modalidade, utilizaremos o nosso organismo, nosso corpo, nossa inteligência e nosso desejo. Nenhum deles visto isoladamente poderá explicar a complexidade da construção da forma particular de se relacionar com a aprendizagem desenvolvida em cada um de nós, Alicia alerta-nos que "as modalidades de aprendizagem estão necessariamente ligadas à estrutura de personalidade" (FERNÁNDEZ, 1991, p. 112). Desse modo, ao trabalhar com as modalidades de aprendizagem, devemos empregar nossa atenção especialmente na articulação entre os aspectos objetivos e subjetivos implicados no aprender.

Percebendo a construção vincular do sujeito em seu grupo familiar, distinguimos também os tipos de problemas de aprendizagem que se apresentam: o reativo (em situações em que esse é externo à estrutura individual e familiar do sujeito, ou seja, mostra da reação desse a algum tipo de violência promovida pelo ambiente escolar) e o problema de aprendizagem sintoma (sendo esse interno à estrutura individual ou familiar do sujeito, portanto, ligado à sua estrutura de personalidade).

Identificar essa diferença permite-nos repensar as condições de fracasso escolar que comumente encontramos nos consultórios e escolas, assim como o quanto de desejo há nesses estudantes que, apesar do baixo rendimento, da exclusão social, permanecem frequentando a escola, tentando superar as dificuldades e enfrentando as adversidades com criatividade, mesmo que, por vezes, isso implique em se desadaptar.

Essa desadaptação criativa para a qual Alicia chama-nos atenção também está presente no livro *Psicopedagogia em Psicodrama: morando no brincar* (2001b) afirmando, de forma poética, que a inquietude, a hiperatividade, a desatenção, a mania, a bulimia, a anorexia, a inibição cognitiva, a síndrome do pânico, as adições etc. podem ser formas de expressar e deslocar a dor, a frustração, a angústia, o tédio, o aborrecimento...

Compreender a modalidade de aprendizagem está para além das classificações de hiperassimilação-hipoacomodação, hipoassimilação--hiperadomodação e/ou hipoassimilação-hipoacomodação. É perceber que cada sujeito utiliza um molde relacional organizado de forma lógica, simbólica, corporal e estética, envolvendo aspectos conscientes, inconscientes e pré-conscientes. Essa forma de se relacionar com a aprendizagem apresenta características que se repetem e que mudam ao longo da vida e em diversas áreas, por exemplo: alimentação, sexo e dinheiro.

O reconhecimento da modalidade de aprendizagem permite-nos escolher melhores recursos para a intervenção psicopedagógica, quer seja no trabalho terapêutico, quer no trabalho preventivo; além de nos fazer entender que: [...] *"a inteligência humana não é neutra, como não é uma máquina que opere independente das emoções, dos desejos, dos sonhos, das ilusões, das frustrações, das angústias, das alegrias do corpo que sofre ou goza."* (FERNÁNDEZ, 2001a, p. 85).

Ao mencionar o termo "aprisionada", Alicia costumava lembrar-nos de que a palavra em espanhol é *atrapada*, mas que essa não pode ser traduzida para o português e ainda assim mantendo sua essência. Um *atrape* é uma espécie de armadilha criada pelo próprio sujeito, utilizando elementos que denunciam o que ele tenta não mostrar, e que só ele possui a chave para destravar a prisão, para abrir a porta. A definição de inteligência aprisionada, portanto, refere-se à nossa capacidade de encapsular a criatividade, anular a curiosidade, renunciar o pensar, o conhecer e o crescer, ou seja, a nossa ação de anular e bloquear nossas capacidades e possibilidades.

Talvez, aqui no Nordeste, chamássemos de "arapuca". Um tipo de armadilha feita com gravetos para pegar passarinhos. Mas seria como se o próprio passarinho construísse a arapuca que o prende e somente ele pode libertar-se, pois sabe, sem saber que sabe, como desativar a armadilha. Sim, estamos a pensar sobre nosso idioma, os regionalismos, as expressões culturais, cuja representação simbólica particular e/ou coletiva fala de significações que podem ser escutadas a partir da palavra. Assim, aprendemos com Alicia: escutar o que é dito como um estrangeiro em seu próprio país.

Contribuições técnicas: tesouros encontrados no livro

Uma das "preocupações" de Alicia a respeito da técnica era de que esta não fosse utilizada como um escudo pelo psicopedagogo. Um escudo que, à medida que "protege", também distancia do atendido e bloqueia a visão. Costumava alertar que psicopedagogo é diferente de aplicador de testes. Por isso mesmo, cuidava para que as informações técnicas fossem vistas de forma suficientemente abertas, e não como regras a serem seguidas de forma inquestionável. No livro *A mulher escondida na professora: uma leitura psicopedagógica do ser mulher, da corporalidade e da aprendizagem* (1994), utiliza o termo "contra-receitas" ao listar algumas ideias para evitar a agressão dos alunos e para respondê-la, enquanto explica que não dizer uma receita pronta é uma opção para manter nossa capacidade pensante ativa.

Em todos os encontros durante a formação em Psicopedagogia Clínica, as oficinas faziam parte da nossa rotina. No entanto, em nenhuma delas, os protocolos foram estudados com maior ênfase do que os impactos que as vivências em nós. A lógica seguida é pensar a partir da experiência articulando com a teoria, e não o contrário, evidenciando a congruência entre o que Alicia diz no poema escrito na contra capa de algumas edições da *Revista E.Psi.B.A.* e sua proposta de trabalho: desfrutarmos mais do nosso desejo de aprender que da certeza da teoria.

Mesmo não propondo as hoje tão divulgadas receitas prontas de como fazer, Alicia relata, na segunda parte do livro, alguns procedimentos e princípios que servem de base para as ações desenvolvidas no DIFAJ e que podem servir de norte para a atuação em Psicopedagogia Clínica, em diversos contextos.

A segunda parte do livro inicia com um gráfico que mostra a organização dos diferentes momentos do DIFAJ, no que diz respeito aos espaços físicos utilizados, a formação de equipes e as atividades desenvolvidas. Contudo, essa é apenas uma das possibilidades de ação. É para a construção da atitude clínica que os escritos de Alicia nos chamam.

Os relatos de experiências descritos no livro revelam Alicia como protagonista para a descoberta mais eficaz da etiologia das dificuldades de aprendizagem e convoca-nos a identificar o significado do aprender para cada grupo familiar, ampliando o foco para todos os membros da família, e não apenas do paciente-problema. Ao incluir a família no DIFAJ, amplia-se a possibilidade de pensar, de (se) perguntar e de ressignificação. Constrói-se um espaço de confiança, um espaço-tempo para sentir(se), pensar(se) e olhar(se) individualmente, como casal e grupo familiar, transformando uma entrevista que seria, segundo protocolos tradicionais, de coleta de dados em momentos de reestruturação dos vínculos que sustentam a estrutura familiar.

Abre-se o olhar e a escuta para o que há no "espaço entre", esse espaço transicional onde circulam o conhecimento, as informações, os vínculos, as representações, as significações e a criatividade.

A utilização de testes e técnicas são sinalizados por Gonçalves da Cruz (1991 *apud* FERNÁNDEZ, 1991), como meios e não como finalidade do atendimento psicopedagógico. É preciso ir um pouco mais longe. Além dos dados quantitativos ou dos roteiros pré-estabelecidos pelos manuais e protocolos de cada instrumento. É fundamental não perder de vista o sujeito e sua família.

Para a escolha dos instrumentos, Jorge e Alicia alertam que essa nunca será perfeita e imparcial, mas faz parte de um marco teórico, conceitual e ideológico de quem o utiliza e, portanto, cabem algumas precauções: 1) identificar o marco conceitual de cada instrumento selecionado; 2) reconhecer os objetivos de cada instrumento, ou seja, para que serve, sendo capaz de justificar seu uso de forma coerente com a teoria que o sustenta; e, 3) conhecer o instrumento quanto a sua aplicação e seus efeitos. Contudo, nenhum recurso pode obstruir nossa possibilidade de escutar e olhar o sujeito em sua singularidade, em seu idioma, em sua modalidade de aprendizagem.

A distinção entre ver e olhar, entre ouvir e escutar, que será também apresentado em *A atenção aprisionada* (2012), é essencial para desenvolver uma atitude clínica. Recorremos às contribuições de Daniel Cálmels (2019) para pontuar essas diferenças. Ele diz-nos que a visão discrimina, classifica, é produto das nossas percepções, onde predomina o que é objetivo. Enquanto o olhar desfaz o espaço que nos separa do objeto, inclui, incrimina, anula distâncias, corporiza, espacializa, temporaliza, predominando o que é subjetivo. Alicia dizia-nos que, para ver e ouvir, é preciso um organismo que esteja funcionando, mas, para olhar e escutar, é necessário desejo, construído na relação com o outro.

O convite é para desenvolver um olhar clínico, e não uma visão clínica. É por meio desse olhar e dessa escuta que psicopedagogos e psicopedagogas podem posicionar-se em um lugar analítico, que permite ao atendido organizar-se, construir sentido e ressignificar-se enquanto sujeito aprendente. É um olhar que quer que ele aprenda, que acredita que ele pode aprender e cria condições para que a aprendizagem aconteça de forma significativa ou ressignificada.

Por falar em ressignificação, Alicia propõe-nos revisitar a história de cada sujeito, a começar em nós, entendendo que essa palavra pode ser utilizada com três sentidos que são compatíveis, ou mesmo complementares. Podemos entendê-la como: 1) dar um significado diferente; 2) como uma possibilidade de reafirmar, firmar ou por a firma, ou seja, assinar, assumir a autoria de seu pensar e fazer; e também, 3) como aceitar a realidade como está posta, resignar-se diante da não possibilidade de mudança. Vale lembrar que, ao nascerem, os bebês são significados por seus pais/cuidadores. Durante os atendimentos psicopedagógicos, cabe--nos favorecer espaços para olhar a mesma cena a partir de outro ângulo.

Essa atitude pode ser ensinada, mas talvez não possa ser aprendida de forma não experimental. Para ampliar nosso olhar e escuta clínica, precisamos incorporar conhecimentos sobre as dimensões envolvidas nos processos de aprendizagem e não aprendizagem, ou seja, precisamos conhecer sobre funcionamento orgânico, construção corporal, processos cognitivos e elaboração desejante. Tais conhecimentos podem servir de base para a construção de uma matriz teórica interpretativa própria para a Psicopedagogia, que é mais que a soma dos conhecimentos anteriores, e só se constrói na articulação entre teoria e prática. Somem-se aos dois conhecimentos mencionados, os que são adquiridos no processo terapêutico psicopedagógico-didático, que permite ao terapeuta a apropriação e construção do saber, que é mais que conhecer.

A propósito, vale destacar que, ao aprender dessa forma, nessa construção dialética teoria-prática, na relação eu-outro, cria-se um espaço de transformação, pois se articula a inteligência e o desejo e favorece a elaboração de argumentos.

> No problema de aprendizagem, a possibilidade de argumentar está particularmente prejudicada, ferida e até ferida de morte, já que aí devem articular-se harmoniosamente a inteligência e o desejo; além disso, decidir-se por uma argumentação implica 'pôr o corpo', 'jogar-se' (recordemos quanto tem a ver o corpo na construção da capacidade de sentir-se dono dos próprios atos) (FERNÁNDEZ, 1991, p. 222).

Entretanto, só é possível argumentar, articulando inteligência-desejo, diante de um espaço de confiança, de alguém que nos reconheça não apenas como aprendentes, mas como ensinantes, como interessantes e nos permita ser e pensar diferente.

E por construir esse espaço de argumentação e ressignificação, a devolutiva toma um formato também com objetivos e recursos nessa direção de autoria de pensamento. Fica evidente que o momento da devolutiva também é uma oportunidade de recuperar o pensar, os afetos sepultados, a circulação do conhecimento, a identidade anulada e principalmente o prazer de aprender e de viver.

No E.Psi.B.A., o espaço de confiança suficiente para poder argumentar, pensar, dizer e ser diferente foi sempre respeitado. Experimentamos substituir o "ter que" pelo verbo "poder" e vivenciamos que diferença não é o mesmo que desigualdade.

O que aprendemos hoje com Alicia? A temporalidade da obra

O Tributo à Alicia Fernández, assim como a escrita deste texto, desenvolveu-se em meio a um período turbulento da história mundial. Estamos enfrentando um período de pandemia de Covid-19, que assola todo o planeta.

Muitas são as mudanças na rotina e na forma de nos relacionar com a aprendizagem e com as pessoas. Passamos a maior parte do tempo distantes fisicamente das pessoas, por muitos dias seguidos, vivenciamos *lockdown* nas cidades. Escolas foram fechadas, e a tecnologia passou a assumir um papel importante no cotidiano. O próprio evento foi realizado de forma remota, utilizando aplicativos para reuniões *on-line*. De semelhante modo, educadores tiveram que se reinventar, estudantes tentam adaptar-se a essa nova forma de estar na "escola". Aulas *on-line* ou gravadas, recreios sem os amigos, cada um na sua casa. Cada unidade escolar tem uma forma de trabalho distinta. Horas e horas sentados em frente às telas. Após alguns meses, em algumas cidades, os gestores públicos autorizaram a reabertura de escolas, desde que cumprissem os protocolos de higienização.

O número de mortos por complicações relacionadas à Covid-19 atinge a marca de milhões no mundo. Em 2021, o Brasil assumiu o lugar de epicentro da pandemia. Encontramos pessoas assustadas, ansiosas, em pânico, com necessidades básicas não satisfeitas etc. etc... E nos questionamos: como e o que podemos aprender com Alicia, através da releitura do livro *A inteligência aprisionada*?

Ao reler, até parece que podemos escutar sua voz aveludada, com um sotaque peculiar, com pausas periódicas, que nos permitia pensar ao mesmo tempo que ela pensava conosco. Alicia poderia nos dizer, com sua sabedoria, que é preciso continuar pensando, perguntando e aprendendo com os desafios que a realidade nos impõe. Com alegria, encontramos alguns pontos que valem a pena refletir:

1. sempre é tempo de ampliar a escuta e o olhar, que envolve, aproxima e importa-se com os outros;

2. os professores são importantes agentes subjetivantes na formação das crianças e dos adolescentes;

3. todo esse contexto sócio-histórico também influenciará e modificará nossas modalidades de aprendizagem, nossa forma de ser e estar no mundo;

4. nem tudo é doença;

5. aprender é um processo complexo e não precisa ser patologizado;

6. é imprescindível e urgente valorizar os corpos no processo de aprendizagem;

7. a velocidade e o excesso de informações por meio das mídias digitais não devem anular nossa capacidade pensante;

8. os vínculos e as relações no aprender demandam nosso cuidado e nossa atenção;

9. as desadaptações podem ser formas de manifestar as angústias, os medos e desejos, ainda mais em um cenário tão atípico;

10. a comunicação entre membros da família e destes com as escolas requer investimento de tempo e espaço;

11. sentir a dor, viver o luto, é necessário para poder seguir, posteriormente, de forma mais segura;

12. a verdade pode até doer, mas não adoece;

13. as memórias construídas nesse momento também conjugarão memórias da inteligência e do desejo na aprendizagem;

14. encontrar a funcionalidade do não aprender pode mudar todo o olhar durante a avaliação psicopedagógica;

15. investir na formação continuada, na covisão profissional e na terapia psicopedagógica didática é forma de cuidar de si para melhor atender o outro;

E você pode acrescentar tantas outras lições aqui nesse espaço.

Por esses e tantos outros ensinamentos, permitimo-nos afirmar: esta é uma obra atemporal, cuja leitura é essencial para quem busca aprender a olhar os processos de aprendizagem de forma ampla e sistêmica, considerando o que está manifesto e também o latente.

Está cada vez mais evidente que nosso foco é os processos de aprendizagem, e não os conteúdos, tampouco os processos cognitivos... e que aprender pode ser quase tão lindo quanto brincar.

A construção de espaços moinhos

Toda a proposta de Alicia funciona para nós, assim como ela ensinou-nos, como uma rede de proteção é para o equilibrista. Não é uma linha de trem, da qual não podemos nos separar, mas está para nós como espaço que nos garante a segurança suficiente para alçar voos, para atuar nos espaços entre, para ser diferente, para construir em nós, e nós que atendemos a possibilidade de assumir nossa autoria de pensamento, de ser e pensar diferente e responsabilizar-se por isso, com alegria.

Levamos adiante o convite de sermos criadores de espaços moinhos de aprendizagem, pois são os moinhos que tanto marcaram a vida de Alicia, que ela utilizava para representar a nossa capacidade de encontrar força para fazer brotar alegria e prazer em aprender e crescer, mesmo quando tudo parece improvável.

Reconhecemos e agradecemos por termos sido nutridas por Alicia, pelo espaço moinho que ela construiu conosco, dentro de cada uma de nós, e que desejamos espalhar pelo mundo, a partir do nosso querido Nordeste.

E convidamos você que nos lê a se permitir esse olhar para si mesmo e para os que lhe cercam de forma a resgatar o amor, essa força vital que nos move, que nos permite ver e ser visto como alguém interessante, capaz, digno de respeito e liberdade de autoria de pensamento.

À Alicia Fernández, nossa gratidão, sempre, por nos conduzir por esse caminho e por nos permitir encontros inesquecíveis.

Referências

CÁLMELS, D. *Infancias del cuerpo*. 2. ed. Buenos Aires: Biblos, 2019.

FERNÁNDEZ, A. *A inteligência aprisionada*: abordagem psicopedagógica clínica da criança e sua família. Porto Alegre: Artes Médicas, 1991.

FERNÁNDEZ, A. *A mulher escondida na professora*: uma leitura psicopedagógica do ser mulher, da corporalidade e da aprendizagem. Porto Alegre: Artes Médicas, 1994.

FERNÁNDEZ, A. *Os idiomas do aprendente*: análise de modalidades ensinantes em famílias, escolas e meios de comunicação. Porto Alegre: ARTMED, 2001a.

FERNÁNDEZ, A. *Psicopedagogia em psicodrama*: morando no brincar. Petrópolis: Vozes, 2001b.

FERNÁNDEZ, A. *A atenção aprisionada*: psicopedagogia da capacidade atencional. Porto Alegre: Penso, 2012.

GONÇALVES DA CRUZ, Jorge. *Os testes e a clínica*. In: FERNÁNDEZ, A. Inteligência aprisionada: abordagem psicopedagógica clínica da criança e sua família. Porto Alegre: ARTES MÉDICAS, 1991. p. 191-215.

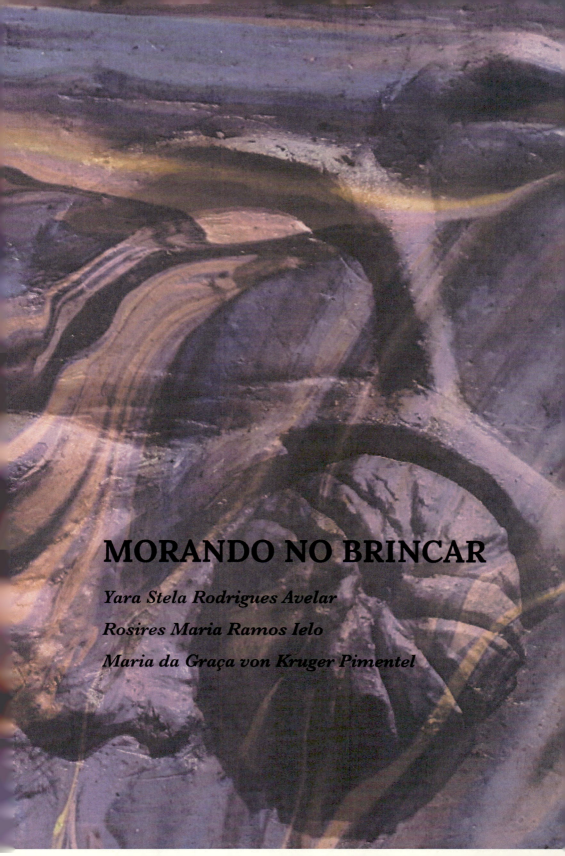

MORANDO NO BRINCAR

Yara Stela Rodrigues Avelar
Rosires Maria Ramos Ielo
Maria da Graça von Kruger Pimentel

Morando no brincar

Roda de Conversa sobre Psicopedagogia em Psicodrama — morando no brincar, com coordenação de Yara Avelar e as convidadas Rosires Ielo e Maria da Graça Pimentel

Para apresentar esse tema, tão caro aos psicopedagogos que fizeram o Grupo de Atendimento Psicopedagógico Didático com Alicia Fernández, tivemos dias de trabalho, produção e troca de afetos... Emocionamo-nos e alegramo-nos com as recordações. Revivemos momentos importantes para cada uma de nós e refletimos sobre o que nos faz psicopedagogas. Abrimos espaços "entre" para compartilhar o que trazemos agora.

Recordações... Ressignificações... Reflexões...

Boa tarde a todos vocês que nos acompanham e, desde já, muito obrigada pela escuta;

À Sara Paín, querida Sara; ao Jorge, Jorge Gonçalves da Cruz (que saudade!) e a todos da família presentes: María Sol, Lautaro, Facundo; às minhas colegas de mesa, queridas parceiras; às colegas das outras mesas, irmãs em Alicia; à Clarissa Candiota, valente Clarissa e à sua parceira nesta ousada tarefa, Zeza Weyne, igualmente valente.

Clarissa é a quem dirijo primeiramente meus agradecimentos (juntamente da Zeza), pela grandiosa oportunidade, pela corajosa iniciativa! À Rosires Ielo e Graça Kruger Pimentel, agradeço pela confiança, pela disponibilidade, pela qualidade de parceria que sempre me ofereceram! Às colegas das outras mesas, agradeço pela participação nesta linda homenagem à Alicia, mostrando o compromisso com a transmissão do valioso legado que ela deixou-nos. Agradeço a todos que tornaram este evento possível, neste momento tão difícil e tão confuso que estamos vivendo. Agradeço a todos que me favoreceram a apropriação dos ensinamentos de Alicia: Jorge, Sara, professores da E.Psi.B.A., colegas, aprendensinantes, familiares.

Alicia... sobre Alicia...

Ainda me é difícil falar sobre Alicia... Tenho vivido uma espécie de luto prolongado, parecido em algo com o primeiro contato que tive com ela...

A Rosires havia me convidado para participar da primeira vinda de Alicia ao Rio de Janeiro, acho que em 1988, não sei bem ao certo... Eu, assustada, ainda que desejosa (ainda não trabalhada em minha modalidade de aprendizagem), argumentei que eu era apenas uma iniciante em Psicopedagogia, que esse era um convite para as mais experientes... ao que a Rosires, entre outras colocações, acrescentou: "*é apenas um fim de semana prolongado...*".

Mais tarde, ouvi de Alicia, que me falou de Sara, citando o livro dela *A Função Positiva da Ignorância*, o seguinte: *o iniciante pode, pelo perguntar, desde seu lugar, trazer algo novo para todos. Assim, todos poderão usufruir da função positiva da ignorância.* Lindo isso!

Eu não tinha esse conhecimento na época, mas mesmo sem saber, aceitei o convite da Rosires e aquele fim de semana prolongado estendeu-se até a morte de Alicia, em fevereiro de 2015. De forma semelhante, meu luto pela perda de Alicia perdura até hoje...

Fui convidada pela Clarissa (com quem tenho tido momentos de muita aprendizagem) para coordenar essa mesa. Não tenho tanto tempo de convivência com ela, como tenho com a Rosires e com a Graça, mas temos um vínculo de igual natureza, e o mesmo motivo de aproximação: Alicia Fernández! A identificação com a proposta teórica de Alicia Fernández!

Fui aluna da primeira turma de Psicopedagogia em Psicodrama que aconteceu em Buenos Aires (1999/2000), coordenado por Jorge e Alicia e fiz a tradução do livro de Alicia *Psicopedagogia em Psicodrama — Morando no Brincar* (2001), razão pela qual a Clarissa presenteou-me com esse tema para essa mesa!

Sobre esta obra de Alicia (*Psicopedagogia em Psicodrama — Morando no Brincar*), vou trazer um trecho do que escrevi no prefácio:

> [...] posso dizer que Alicia, nessa travessia, nos mostra o sentido do amor. [...] Já, de início, a partir do título, ela nos convida a morar no "jogar-brincar", mostrando-nos como, pela leitura-postura psicodramática (podemos, precisamos e merecemos) criar um

> mundo de possibilidades na Psicopedagogia. Junto a isto, Alicia nos mostra também que aceitar este convite traz implicações: que este trabalho se faça a partir de um trabalho sobre si mesmo. É necessário, para morar no "jogar-brincar", nos diz Alicia, passar pela experiência psicopedagógica psicodramática e pela análise psicopedagógica pessoal. (AVELAR, 2001, p. 12)

Importantíssima essa fala de Alicia. Aliás, foi muito difícil escolher quais falas de Alicia trazer. São tantas tão importantes... Mas... Elegemos algumas e será assim, deixando passar pelo coração (re-cordare) algumas falas dela, que pretendemos prestar nossa homenagem a essa querida e inesquecível mestra!

Em um momento ou outro, vamos fazer isso mais formalmente, lendo trechos, citando conceitos, buscando da teoria pontos que possam ter valia para todos, pontos que estarão ligados aos fragmentos das lembranças da nossa vivência com ela.

Alicia... Sobre Alicia... O que dizer sobre Alicia Fernández? Como me recordar, me reencontrar com Alicia?

Eu poderia fazê-lo de diferentes maneiras, de diferentes lugares. Elegi fazê-lo indo ao encontro da alegria e é assim que quero marcar esse encontro de múltiplos encontros!

Ainda há pouco, eu falava do luto, da dor da perda, de tristeza, mas aprendi com Alicia que alegria e tristeza podem caminhar juntas. Disse ela: *"o contrário da alegria não é a tristeza, é o tédio"* (FERNÁNDEZ, 1998, p. 25). Isso está num belíssimo texto dela: "Pensar la alegría aún la de pensar".

Recordo Alicia com a alegria que ela mostrava em ensinar, aprender, questionar, acolher, atender, dialogar com seus aprendensinantes, em abrir e ler um livro... em escrever... em "jogar-brincar"! Recordo Alicia com a alegria por tê-la conhecido e usufruído por tanto tempo de sua presença, sabedoria, conhecimento! Recordo Alicia com a alegria de fazer e fazer-me em Psicopedagogia! A alegria, pouco tematizada, pouco presente nas teorias e, em consequência disso, ausente, na maioria das vezes, nas práticas pedagógicas, nas práticas terapêuticas, não tendo lugar como critério clínico, nem educacional, ganha nova potência conceitual em Alicia Fernández! Alicia diz: *"a alegria é corpo atravessado por pensares e desejares! Ninguém ri de uma piada se não a entende. Também não se pode estar alegre, se se omite em seu pensar"* (FERNÁNDEZ, 1998, p. 25).

Alicia coloca o espaço de autoria de pensamento, que é o objetivo da intervenção psicopedagógica, como o lugar onde se nutre a alegria. Ela, que fazia seu trabalho com, por e desde a alegria, escreveu: *"um psicopedagogo, uma psicopedagoga, não pode desenhar espaços de autoria de pensamento para os outros, se não constrói simultaneamente espaços de autoria de pensamento para si mesmo"* (FERNÁNDEZ, 1998, p. 17).

De que se trata a alegria em Alicia? *"Disso se trata a alegria (disse ela): de um "tempo transicional", tempo que não é antes, nem depois, tampouco presente, tempo "entre"... disposição ao encontro do imprevisto, de onde se pode fazer pensável a dor"* (FERNÁNDEZ, 1998, p. 25). Alicia escreveu ainda que a alegria deveria fazer parte dos principais temas psicopedagógicos. Então poderíamos com mais profundidade, trabalhar com a saúde, pensando a enfermidade como Deleuze, não como um processo, mas como detenção do processo (FERNÁNDEZ, 1998, p. 29). Guardemos bem isso! É muito importante! E nessa homenagem para Alicia, eu quero oferecer a todos vocês a minha alegria por ter aprendido com Alicia a ter a alegria como critério de saúde na aprendizagem!

Esta, todos sabem, é uma homenagem para Alicia, mas é muito difícil para mim falar sobre Alicia, homenagear Alicia, sem mencionar Jorge, Jorge Gonçalves da Cruz, companheiro de Alicia na vida e no trabalho! Quanto aprendi com Jorge!

Recordo-me com alegria de várias cenas dos dois trabalhando juntos, várias cenas que se integram em uma cena, onde cada um, com sua diferença, movimentava-se em direção a um norte comum, o de abrir espaços objetivos e subjetivos de autoria de pensamento! Gosto de pensar neles, pensando no conceito de "suplemento", e não como costumava pensar antes, como conceito de "complemento". Aprendi isso com Jorge! Ele ensinou-nos: "quando pensamos em "suplemento", nossa postura é outra, estamos renunciando a um ideal de unidade e completude. Limar arestas, rabiscar fronteiras e esterilizar perfis, empobrece a produtividade de cada enfoque em lugar de potencializá-los. A "suplementação" supõe a criação e aceita a provisoriedade.

Linda essa cena de vê-los juntos articulando suas diferenças! Muita alegria por tê-los até hoje trabalhando em mim! Estes mestres, Alicia e Jorge, não se movimentavam por uma coreografia repetitiva, iam ensinando-nos a transformar obstáculos em aprendizagem, a pensar em *"montagens temporárias"* (primoroso texto do Jorge),

> *[...] montagens provisórias, dirigidas a resolver situações-problema, disponíveis para serem desmontadas e retomadas a articular de outros modos... para não entorpecer a emergência das surpresas e para ir criando um espaço para que tais emergências sejam possíveis!* (GONÇALVES DA CRUZ, 1999, p. 37).

Sobre Alicia e Jorge, escrevi em 2000: *a você, Alicia, que me ensinou a voar e a você, Jorge, que me ensinou a pousar, o meu muito obrigada pela realização deste livro!* Quanta saudade!

Nesta oportunidade, dedico também algumas palavras à Sara, Sara Paín, mestra de Alicia e minha também. Figura importante nessa árvore genealógica que estamos desenhando.

Para buscar inspiração para falar sobre Sara, falar à Sara, fui reler alguns de seus textos, entre eles, "Trazas y Trazos", onde ela traça uma conversa que vai indo... vai indo... até chegar à dificuldade da escrita. Eu estava pensando em me relembrar de Sara, trazendo algo interessante para quem não a conhece bem e interessante para os que têm esse privilégio. Difícil tarefa, para mim... estive temerosa dessa intenção não ser exitosa, mas trazer a escrita pareceu-me um bom caminho, já que esse tema é ainda muito inquietante para alunos, para professores, para quem tem a dificuldade para escrever, para quem lida com os que têm essa dificuldade.

Sara começa o texto trazendo o que é a inspiração, musa inspiradora, aquilo que nos permite em algum momento, fazer algo criativo... (tudo o que eu estava buscando...). Entre outras coisas, Sara diz (prestem atenção!): *"a inspiração, só, é uma ilusão. A realização é poder ser mais que a inspiração porque se pode convertê-la em realidade"*. A seguir... algo mais forte: *"o sujeito que não pode passar à realização é porque tem medo de que a realização não vá estar à altura da inspiração!"* (PAÍN, 1996, p. 36.) (Maior sentido... parece ter sido escrito para mim...).

Sara vai falando de vestígios, marcas ao longo da história, do que fica da Arqueologia e que está na origem da escrita. Sara vai deixando em seus traços, sua marca! Na sequência, a grande questão que fica, que é um grande temor e que quero marcar aqui, com vocês, é: *"o que acontece com alguém quando se põe a escrever? Sara pergunta: "que marcas vou deixar com meus traços? O que o outro vai fazer com o meu discurso? Qual o destino das minhas palavras?"*. No final, Sara conclui: *"a escrita é uma tarefa arriscada, perigosa!"* (PAÍN, 1996, p. 44).

Ofereço a vocês, o que Sara me ofereceu! E, a você, Sara, meu muito obrigada pela sua generosidade, pela sua ousadia, pela sua inspiração, pela sua realização!

Voltemos à Alicia...

Pretendemos trazer algumas recordações e ressignificações nossas, com o desejo de abrir espaço para algumas reflexões à luz da teoria de Alicia Fernández! O "recordar" é um dispositivo psicopedagógico que vai permear todo o trabalho da Psicopedagogia em Psicodrama. As recordações que guardo desse tempo com Alicia são preciosidades, sábias intervenções que recebi dela e que me ajudaram a encontrar outro sentido, uma nova direção às questões da minha modalidade de aprendizagem e de ensinança! Fernández disse: *"recordar e aprender se entrelaçam. [...] Quando o recordar está obturado, a aprendizagem se encontra danificada.* (2001, p. 41). *A des-repressão de uma recordação é um dos trabalhos liberadores de autoria de pensamento"* (2001, p. 47).

A recordação que elegi trazer diz respeito à superação de uma dificuldade que apresentei em um dado momento da minha vida. Eu que, desde bem pequena, gostava de poesias e de escrever poesias, passei a não conseguir concluí-las, o que me incomodava bastante. Eu guardava-as em uma caixa, que sempre conservei comigo. Após aquele fim de semana prolongado que falei no início, participei do primeiro Grupo Didático Terapêutico que Alicia fez no Rio de Janeiro que é um atendimento psicopedagógico para psicopedagogos (aberto a outros profissionais), outra criação de Alicia Fernández.

Levei para o grupo de atendimento essa questão, e isso foi sendo trabalhado em vários movimentos, a partir das cenas da história pessoal que eu e as outras pessoas do grupo recordávamos, relatávamos, dramatizávamos e ressignificávamos. Alicia ia buscando pela potência recordativa dos objetos da infância, dos brinquedos, das brincadeiras. Eu, assim como as outras, fui buscando minhas marcas, minha singularidade, potencializando o movimento de autoria. As situações de sofrimento, que me obstaculizavam, foram perdendo sua força patógena e transformando-se em potência criativa! Consegui retomar, ao longo do tratamento, poesias antigas e concluí-las e escrever outras novas, concluindo! Não sei precisar em que cena, ou em que movimento exato, deu-se uma ou outra transformação. Recordo-me de várias cenas... mas, como nos diz Alicia: *"no grupo, o recordar de um vai potencializando o recordar de outros, é um recordar flutuante"*. Diz ela ainda: *"as recordações liberadas de uma ou de outra organização inconsciente vai buscando outras configurações, algo novo é criado com o material antigo, pelo acervo de cenas que se vai construindo"* (FERNÁNDEZ, 2012, p. 173)

Por outro lado, recordo-me com clareza de uma intervenção dirigida especialmente a mim, à minha produção, quando apresentei a ela, no grupo, uma das poesias que eu tinha feito neste grupo. Naquela oportunidade, enquanto aprendia sobre mim, aprendia também sobre o trabalho psicopedagógico em grupo: um sujeito não pode ser no grupo se não se diferencia dele, se não é diferenciado do e no grupo.

O grupo é um espaço comprometido com, e, possibilitador da construção do "nós". Quando o psicodrama acontece no grupo, nasce uma rede interpretativa para todos, uma vez que a cena de cada um deixa de ser propriedade privada do autor. Porém, também deve possibilitar que o autor se re-situe, que desenvolva a capacidade de ser intérprete de si mesmo! Só posso ser em grupo se me sei único!

Foi assim: a poesia que apresentei tem o nome de *Fruto proibido ou Indagação primeira*.

Li a poesia, Alicia escutou atenta! Eu comecei a poesia assim: *Nasci Yara, menina-mulher, nasci marcada para não marcar*. E terminei assim: *Nasci Yara, mulher-questão. Que marca é essa? Posso mudar?* Quando terminei a leitura, ela disse-me palavras confirmadoras, perguntou-me se podia ler a poesia, pegou cuidadosamente o meu papel e leu-a, com clareza, com firmeza, dando ênfase especial à última frase, mudando significativamente o tom que eu havia dado e pedindo-me para colocar um ponto de exclamação junto ao de interrogação que eu havia colocado. Isso foi surpreendente! Ficou assim: *Nasci Yara, mulher-questão. Que marca é essa? Posso mudar!?*. Isso foi usando as palavras de Jorge, de muita eficácia e muita eficiência! Isso colocou luz na minha história, sem ofuscar, tornando visível e pensável algo da minha modalidade de aprendizagem!

Sabemos por Alicia que a modalidade de aprendizagem dos ensinantes relaciona-se com a dos aprendentes. Se o ensinante exibe, o aprendente poderá construir ou fortalecer uma inibição cognitiva. É quando o ensinante mostra que o aprendente poderá conectar-se com o desejo de aprender. A força que me vem dessa cena que trago, e que com muito carinho guardo, busco passar para meus aprendensinantes! Quanto de entendimento sobre como impulsionar, tocar, sem precisar "empurrar", essa intervenção me deu! Quanto aprendi aí sobre violência primária, necessária e violência secundária, patógena, contribuição de Aulagnier (1979) que Alicia apresentou-nos. Quanto ampliei naquela oportunidade o meu olhar e minha escuta psicopedagógica! Quanto sobre o perguntar/perguntar-me, autorizando-me, historiando-me! Alicia estava ali, atenta a qualquer ruído, a quaisquer movimentos, gestos, sinais, aos fragmentos de nossas lembranças e nos levava a encontrar novas ligações, novos significados, novas construções, novo olhar! Muita coerência em seu discurso e sua ação!

Quero deixar aqui o que ela nos diz sobre a diferença entre "Intervenção" e "Interferência", o que nos ajuda a reconhecer a grandeza dessa intervenção que compartilho com vocês! Diz ela:

> [...] a reeducação busca interferir no processo do outro, reparar o supostamente deficiente. A Psicopedagogia Clínica pretende intervir abrindo espaços de autoria de pensamento. Intervir para descobrir o que há de saúde e de desejos de aprender, com vistas a aumentá-los (FERNÁNDEZ, 2001, p. 132).

Alicia não interferiu (inter ferir / ferir in). Alicia ofereceu o que veio "entre" (inter vir). Entre a demanda e o propósito do trabalho. Entre a minha subjetividade e a dela. Alicia ofereceu-me outra versão de mim! Muito obrigada, Alicia!!! Muito obrigada por ter existido e ainda existir em minha existência!!!

Quero ainda conectar minha fala com nossa atual situação... Estamos passando por um momento grave, de muitas perdas, de muita dor, de tristeza... Não temos nenhuma experiência tão brusca, tão estranha, tão demorada, tão cheia de não saber... presente em nosso esquema de referências. Precisamos ir criando dispositivos novos, a partir das referências anteriores, para entender e intervir nas novas organizações que vão surgindo em decorrência de tantas mudanças, tantos temores, tantos inesperados. Precisamos tornar pensáveis estas novas questões, todas, e sustentar a lógica da provisoriedade. Precisamos ter uma postura de eficiente e eficaz disponibilidade para intervir psicopedagogicamente com as famílias, as crianças, os jovens, todos. Colocar a circular os desejos, reelaborar as histórias, abrir o caminho das ressignificações, transformando o que nos parece obstáculo em aprendizagem! Temos muito que aprender!

A proposta psicopedagógica que Alicia deixou-nos, para além de olhar a pessoa como um "sujeito desejante" ou como um "sujeito epistêmico", dirige sua análise para os movimentos "aprendente" e "ensinante", como posições subjetivas em relação ao conhecimento! Tais posicionamentos (A/E) podem ser simultâneos e estão presentes em todo vínculo: aluno-professor, amigo-amiga, pai-filho...

Precisamos aprender! E só quem se posiciona como ensinante poderá aprender e só quem se posiciona como aprendente poderá ensinar! O aprender acontece a partir da simultaneidade dessas posições! Esse é o legado que Alicia nos deixou! Apropriemo-nos dele, com alegria!!!

Reminiscências...
Reconstruções...
Transformações...

Rosires Maria Ramos Ielo

Gostaria de agradecer e parabenizar as organizadoras por essa iniciativa. Vejo esse evento como uma "ação de preservação de memórias". Ação que considero da maior importância e necessidade em função dos contextos atuais. Estamos vivendo tempos marcados pela falta de "preservação" em diferentes aspectos da nossa vida e, também, pelo perigoso incentivo à desmemória. Portanto, inaugurar esse espaço com o legado deixado pela Prof.ª Alicia Fernández torna essa iniciativa ainda mais significativa.

A obra de Alicia Fernández traz contribuições que ultrapassam o campo da Psicopedagogia e chegam até outras áreas do conhecimento, e a todos aqueles que se recusam a deixar de pensar com autonomia e autoria.

Gostaria de recordar um trecho do poema "O Direito ao Delírio", de Galeano,[3] escritor uruguaio, ao qual Alicia me apresentou e me presenteou. Nesse poema, o autor convida-nos, a partir da utopia, imaginar outro mundo no qual, *"[...] as loucas da Praça de Mayo serão um exemplo de saúde mental, porque elas se negaram a esquecer nos tempos da amnésia obrigatória [...]"*.

Ao fazer essa citação, lembrei-me de que Alicia e o professor Jorge Goncalves da Cruz sempre faziam, em suas aulas, referência a diferentes

---

[3] GALEANO, Eduardo. Direito ao Delírio. Disponível em https://poesiaspreferidas.wordpress.com/2016/02/01/o-direito-ao-delirio-eduardo-galeano/. Acesso em 26/05/2021.

autores, das mais variadas áreas, para confirmar e, principalmente, ampliar alguma produção ou aprendizagem ocorrida no grupo. Dessa maneira, eles iam aproximando-nos desses "autores-ensinantes", e nós íamos apropriando-nos de suas ideias e conceitos. Assim, criando essas parcerias Alicia possibilitava "coautorias", que seriam mais um elemento na construção de nossas autorias.

Estar ao lado de Alicia era assim: o tempo todo fazendo novas descobertas, novas aprendizagens; sobre mim, sobre o mundo, sobre a vida.

A minha experiência com a Prof.ª Alicia deu-se ao longo de quase 30 anos, desde que nos conhecemos em 1987. Desse encontro inaugural, guardo na memória a emoção que senti. Seu olhar e seu sorriso eram pura alegria. Ao longo dessa trajetória, vivenciei muitas, profundas e significativas aprendizagens. Teria, assim, muitas recordações para compartilhar com vocês.

Fazer um recorte dessa trajetória, delimitado pelo tema desta mesa, não só viabilizou esta tarefa, como me deixou particularmente feliz. Feliz porque me possibilitou recordar, junto das colegas, uma das experiências mais significativas e fundamentais na minha formação como psicopedagoga. Trata-se do "Grupo Didático Terapêutico", criado e desenvolvido pela Prof.ª Alicia.

Nesse grupo, foi possível conhecer e vivenciar toda a potência e alcance do uso do Psicodrama Psicopedagógico na construção de autorias. O trabalho ali desenvolvido, minucioso, intenso e, muitas vezes, marcado por recordações dolorosas, transcorria num espaço de muita confiança, sustentado pelas eficazes e cuidadosas intervenções de Alicia. Eficácia que atribuía à "alegria" que, segundo ela, surge e habita todo "espaço entre", todo "espaço transicional". Espaço que Alicia tão bem sabia construir a partir da sua postura clínica.

Nesse grupo, as nossas recordações transformavam-se em histórias que iam sendo "contadas", ultrapassando os limites da palavra. Eram contadas mediante a construção detalhada, minuciosa, de cada cena representativa da recordação. Esse processo era como a tessitura de uma tela, de uma superfície em que todas nós, aprendensinantes, íamos imprimindo, lenta e criativamente, nossos desenhos, nossas marcas, nossas ressignificações. Ao final, descobríamos, com alegria, que havíamos construído uma nova versão das nossas histórias, uma nova versão de nós mesmas, fruto de nossa autoria.

Sob a coordenação da Prof.ª Alicia era possível descobrir, explorar e vivenciar diferentes "personagens" que nos habitam. Com ela, aprendemos que podemos ser, simultaneamente:

- inventores — de tempo, de espaços, de novos significados;

- arquitetos/artesãos — que, mesmo sem uma planta previamente desenhada, podíamos construir, com muita segurança, nossas "residências temporárias";

- viajantes/descobridores — que, viajando com olhar de estrangeiro por nossas recordações, podíamos desfrutar da descoberta de algo novo no já conhecido;

- escritores/contadores de histórias: quando, a partir de nossas recordações, criávamos e compartilhávamos uma nova narrativa.

Éramos também:

- escultores — na verdade, nesse grupo, Alicia possibilitava-nos irmos esculpindo nossa autoria.

Realizar este trabalho, o Grupo Didático Terapêutico, com a Prof.ª Alicia proporcionou-me, não só me construir como psicopedagoga, mas, também, ressignificar-me como mulher e como cidadã. E não poderia ser de outra forma, pois Alicia era assim, inteira no que fazia. Com suave intensidade, alegria, criatividade, conhecimento e muita sabedoria, ela mantinha a mesma postura, dentro e fora da E.Psi.B.A.

Penso que essa articulação, da vida com os conceitos da teoria, essa "simultaneidade" da construção de conhecimento e da construção de saber, deve-se, em grande parte, à coerência de Alicia, entre seu discurso e sua ação. Ser coerente era uma das características que eu mais admirava em Alicia.

Todos aqueles personagens que citei anteriormente, e muitos outros, habitavam Alicia. Era uma constante "viajante", que gostava de conhecer novos lugares, novas pessoas, novas culturas, novos livros e novos autores. Tal como uma "exploradora", sempre descobria algo novo, algo de precioso, que logo compartilhava conosco. Sua curiosidade, seu desejo de conhecer era amplo e infinito. Alicia interessava-se e vivia, intensamente, cada nova oportunidade que surgisse.

Uma vez, durante uma pausa em sua agenda de atividades, Alicia pediu-me para levá-la à uma Feira de Artesanato e, chegando lá, pude vivenciar o quanto a Prof.ª Alicia era inteira em tudo que fazia. Enquanto visitava as barracas dos artesãos, demonstrava interesse em conhecer cada detalhe da confecção do objeto. Esse interesse traduzia-se em fazer perguntas, trocar informações e, a partir disso, dava-se início a uma longa "conversa aprendensinante".

O artesão, aos poucos, ia mudando a sua postura. No início, respondia prontamente às perguntas, mas, depois, demorava a responder. Era como se ele, agora, precisasse pensar um pouco mais. Iniciava-se, então, uma troca intensa de conhecimentos e saberes, sempre acompanhada de muita alegria.

Era assim também durante o Grupo Didático Terapêutico. Suas intervenções funcionavam como um dispositivo favorável ao recordar, ao reconstruir, ao ressignificar, ao transformar, ao perguntar e, principalmente, ao se perguntar. Dessa maneira, íamos fazendo novas descobertas sobre nossas modalidades de aprendizagem e sobre o ser e fazer psicopedagógicos.

Gostaria de terminar fazendo alguns agradecimentos.

Inicialmente, agradeço à Prof.ª Sara Paín, que conheci em 1982, e a quem considero como "madrinha' da minha relação com Alicia, pois foi por meio dela que nos conhecemos. Agradeço ao Prof. Jorge Gonçalves da Cruz, atencioso Mestre e Guia pelos labirintos teóricos.

E a você, Alicia Fernández, querida mestra, lhe agradeço por tudo! Muito obrigada

Redefinições...
Reconstruções...
Reinterpretações

Maria da Graça von Krüger Pimentel

Também quero fazer meus agradecimentos pela alegria de participar desta homenagem. O primeiro agradecimento é para Jorge e Maria Sol, que permitiram a realização desse momento. Agradeço à Zeza e Clarissa pelo pensar e desejar esse encontro de ideias e ideais. Agradeço à Yara pelo convite e às duas, Yara e Rosires, pela parceria. Enfim, agradeço à Alicia, que acredito, como diz Yourcenar, (1990), em seu livro *Peregrina e Estrangeira*, não foi sozinha, levou consigo todos aqueles que a amavam... Nem nós ficamos sozinhas... Uma parte dela sobrevive em nós, nos nossos corações, que palpitam ao ouvir seu nome.

Uma das aprendizagens que vamos construindo sem uma clareza muito grande de como começa e quando se define o modo de estar no mundo é a descoberta de ser mulher e a potência ou a impotência que pode estar escondida nessa descoberta. A sutileza do trabalho psicopedagógico pode e deve incluir essa aprendizagem dando às mulheres a possibilidade de viver sua própria vida plenamente, com o sentimento de "eu sou", habitando seu corpo, tendo morada em si mesma, com capacidade de assumir aplausos para o sucesso e críticas por suas falhas. Abordar o desafio da construção da autoria de pensamento, diferenciando-se na forma e conteúdo dessa experiência de se conscientizar das características do seu gênero, levando em conta sua subjetividade, construída pela sua história, é como redefinir sua realidade.

Conhecer Alicia e conviver em situação de aprendizagem por tantos anos, sob o olhar e escuta cuidadosos dessa nossa mestra, possibilitou a entrada numa dimensão mágica de abertura para o mundo.

Falar sobre Alicia Fernández tem um significado muito especial, porque participei com ela de um espaço de "aprendensinagem" e, por isso, tornamo-nos unidas em dimensões que não são/estão conscientes. Também porque, como psicopedagoga, pude ver durante toda essa longa convivência a surpresa e a perplexidade de me (re)conhecer nas suas falas e nos seus escritos. Vejo-me e a vejo, ora no foco, ora na sombra sem, em nenhum momento, estarmos fora dos enredos que constroem nossas aprendizagens.

No caminho de andar "por suas linhas e suas palavras", transito também nos espaços do meu pensamento e (re)conheço, na sua, a minha história e a de muitas mulheres.

Percebo que todas vivemos vários nascimentos e que estamos sempre em processo de gestação, como mães e como filhas. Cada parto faz nascer uma parte de nós mesmas.

Alicia, na convivência com sua mãe, pariu a sensibilidade, que a fez perceber a musicalidade das palavras e entender como os significados das línguas em que os poemas eram recitados para ela dormir, multiplicavam o seu entendimento da possibilidade de decodificação. Não era preciso entender. Ouvi de Alicia uma vez que *"o momento de entender vem depois do momento de concluir[4]"*. A vivência mãe-filha foi construída nessa relação de afeto, esse espaço de prazer e de descobertas de símbolos escondidos, de palavras que estruturam a comunicação e dão forma aos sentimentos.

Por trás de tudo isso, havia uma mulher que buscava, no contato com a filha, transmitir a ela o que tinha aprendido com sua professora de Anatomia, da qual Alicia "herda" o nome e o gosto pela libertação das mulheres enquanto seres pensantes e atuantes.

Seu pai era um viajante, que vendia moinhos de vento — aquilo que tira das profundezas da terra a água, que a faz transformar e produzir. Na observação desse trabalho, Alicia fez nascer a forma de trabalho carregada de significados que desenvolve quando ajuda os psicopedagogos e as psicopedagogas a contatarem a possibilidade de descobrir dentro de si os elementos para (se) produzir e (se) transformar. O vento faz movimentar as águas e cria energia. As palavras escritas e faladas também movimentam e criam energia, por meio das relações de confiança e de investimento.

Cada vez mais elaborados e diversificados, os partos de Alicia foram acontecendo e multiplicando-se em corpos, palavras, livros, textos, além de encontros que, por sua vez, ajudaram e continuam ajudando tantos outros nascimentos.

Numa das nossas sessões de dramatização no Grupo Didático Terapêutico, experiência que é um dos pilares da formação em psicopedagogia, preconizada por Alicia, aconteceu o momento que quero compartilhar, marcante na minha construção de mulher- tema que ela abordava com delicadeza, consistência e persistência.

---

[4] Anotações de aulas. 2003

Recordar e dramatizar o impacto da minha primeira menstruação foi estruturante. (Re)fabricar o momento da surpresa, (re)lembrar os sentimentos antagônicos de vergonha e culpa, de ausência de informação e de (im)possibilidade de simbolizar e significar. Sabemos que nomear e categorizar situações faz com que possamos trabalhar com elas. *"Recordar e aprender entrelaçam-se — uma ação depende da outra — e sem aprender, o recordar transforma-se em fria memória; sem recordar, a aprendizagem transforma-se em triste treinamento."* (FERNANDEZ, 2001, p. 42).

Fomos direcionadas a trazer lembranças da adolescência e começamos a criar as nossas. Por um momento pensei em buscar outra situação, mas a aproximação atenciosa e sensível de Alicia fortaleceu a recordação corporal, e as portas da memória foram abrindo-se. Como uma diretora, ela foi pedindo que eu pensasse e atuasse no roteiro, descrevendo o cenário.

Diz Alicia que

> *Habitualmente se pensa no jogar-brincar como representação, portanto como atividade expressiva. Porém, jogar é muito mais que isso: é uma atividade apresentadora do drama. O jogar-brincar espacializa temporaliza (lentifica)os dramas a que está exposto o humano desde sua primeira infância* (FERNANDEZ, 2001, p. 71).

A cena que se dramatiza, encena, espacializa, representa, ressignifica, reconstrói, transforma não é exatamente a cena vivida, mas uma reedição do sofrimento, incluindo a potência que dá o tornar pensável o que está fora do pensável. A agressividade saudável e criativa, que havia sido bloqueada e, por esse motivo, voltou-se contra si mesma, pôde encontrar outro caminho.

O grupo dirigido por Alicia foi assumindo papéis, construindo espaços entre a cena esquecida e outras cenas possíveis, as perguntas que faziam jorrar imagens, e sentimentos foram transportando-me para o estado subjetivo, que Alicia explica fundamentada em Anzieu (1982):

> *[...] o estado subjetivo próprio da criação literária se concilia no psicodrama com a exigência da objetividade, sem a qual não pode haver uma verdadeira terapia psicológica. Com efeito não é suficiente que o sujeito se expresse, é necessário que se descentre. Uma atividade do primeiro tipo (expressiva) produz alívio. Só uma atividade do segundo tipo permite transformar* (FERNANDEZ, 2001, p. 87).

Lembra ainda as contribuições de Jorge Gonçalves da Cruz, de que o valor principal do psicodrama não é o catártico. Por isso é tão importante e imprescindível que o psicopedagogo que o utilizar tenha uma profunda preparação teórica e experiencial. É uma condição passar pela experiência do tratamento psicopedagógico didático nele mesmo, independentemente de haver passado por sua própria análise.

O trabalho que ocorre nesses grupos, diz ainda Jorge, não é de expressão, entendida como uma ab-reação ou descarga, mas de inscrições, de escritas. Não importa o que se propõe a dizer, mas como essas produções dizem a cada um. (Os) olhares dos outros, são o suporte para que cada qual em um movimento de descentração consiga ver-se no que faz e diz.

Alicia sempre valorizou cada instante e cada sinal do que significava ser mulher, e vivi esse episódio, que percebi, depois, com clareza, a autorização de me apropriar do meu corpo e, com ele, da minha trajetória, ciente dessa "nave" na qual transito por caminhos traçados nos meus mapas internos e externos (ternos, eternos).

Ao vivenciar a recordação, no psicodrama, pude introduzir a minha história, que parecia ter travado, como em câmera lenta, os processos de significação. A cena dramatizada e apoiada cuidadosamente pela Alicia e pelas companheiras de grupo permitiu que fosse liberado o movimento de estar inteira no mundo.

Com a potência do feminino reconhecida, meu corpo pôde reconstruir a cena e apropriar-se dos desdobramentos que deveriam ter acontecido naquela época para que, sem nada para esconder, pudesse tornar o não pensável em pensável, tornando-me intérprete e protagonista da mulher que nascia.

Em 1992, quando Alicia lançou o livro *La Sexualidade Atrapada de la Señorita Maestra* emocionei-me com essa poesia que parecia ter sido escrita com base na minha vivência no Grupo. Hoje, sei e reconheço que é a síntese das histórias de muitas mulheres.

> Mancha Vermelha, testemunho mudo da infância perdida;/ Brado orgânico da mulher surgida. / Sangue? Teus onze anos se assustam / as perguntas caem e se afogam no liquido vermelho, / que, abruptamente tinge tua roupa interior. / as perguntas se encerram/enquanto a informação orgânica [...] Venha, sentemo--nos aqui/ainda que vinte anos depois/eu queria dizer-te agora/ aquilo que já sabes/ mas que eu preciso dizer /e tu precisas ouvir

de outra mulher/De dentro das entranhas chega um impulso/ a mostrar diferença de gênero/Venha, empresto minhas palavras/ para que sejam o carretel do fort da / Joga com elas e arremessa/ dá-lhe, vamos aí vão/ tem Corpo é de mulher/ está preparado par gozar/e ao gozar, gestar/ e ao gestar, gozar/ teu corpo é de mulher / está preparado para pensar / e, ao pensar, eleger/ e ao eleger, decidir/e, ao decidir, viver." (FERNÁNDEZ, 1994, p. 41-42).

Roda de Poetas, um exercício psicodramático

Yara Stela Rodrigues Avelar

Uma recordação que nos veio em nossas conversas, quando estávamos pensando nessa homenagem, foi a das "Jornadas Psicopedagógicas da E.PSI.BA", que aconteciam em Buenos Aires. Todos os anos, organizávamo-nos bastante motivadas para participar. Era o momento de rever Sara, Rodulfo, Camels, as colegas de outros estados... Veio, mais fortemente, a jornada em que Alicia inovou com uma mesa de poetas aprendensinantes.

Alicia sempre mostrou uma paixão pela poesia e encontrava-a e colocava-a nos espaços de aula, nos espaços de tratamento psicopedagógico. Ela escreveu no prólogo do meu primeiro livro uma coisa maravilhosa:

> *[...] os poetas conseguem verbalizar os substantivos, pensar em vez de pensado, andar em lugar de andado. Por isso os poetas pensam em alegria e desfrutam a alegria de pensar. [...] Todos nós fomos poetas quando crianças. Como buscar o poeta extraviado no exitoso e triste adulto?* (FERNÁNDEZ *In* AVELAR, 2000. Prólogo I).

E... podemos perguntar como Alicia: como poetizar as disciplinas e encontrar a poesia extraviada em certos espaços de aprendizagem?

A partir dessa lembrança, escolhemos, então, para finalizar nossa homenagem, fazer aqui uma mesa, uma roda de poetas. Convidamos alguns. Vamos encontrar e nos encantar com a poesia aqui! Vamos poetizar nosso encontro! Que interessante! (diria Alicia!).

Antes de iniciar, vamos tomar emprestada uma frase conhecida das crianças, para entrar um pouquinho no "jogar-brincar". A frase é: "*agora eu era*"; "*agora você era*". Alicia observava que a criança usa o verbo no passado: "*conjugação do passado e do futuro. A criança usa o verbo no passado "era", para dizer o que o personagem vai fazer depois*". Lembram-se disso? "Agora eu era o herói..." Lembram? Então... "Agora eu era uma aprendensinante — apresentadora". Estamos todos num auditório, numa jornada Psicopedagógica. Aqui onde estou "era" o palco... aí onde vocês estão "era" o auditório. "Vocês eram", cada um de onde está, os/as aprendensinantes da jornada. A Rosires "era poeta", Graça também "era poeta". Eu era aprendensinante-apresentadora e era também "poeta". Vamos começar?

Yara (apresentadora) — Boa tarde, queridas colegas, queridos colegas! Nesse momento, eu quero chamar os convidados-poetas para tomarem seus lugares nesta mesa, para fazerem parte da nossa roda de conversa, para homenagear aquela que sempre os homenageou: Alicia Fernández! Vamos abrir nossa roda! Eu os convoco a fazer parte da nossa roda! Sejam bem-vindos! Entrem!

Patativa de Assaré, trazendo "Coisas do meu sertão".

Rosires (Patativa do Assaré) — "*Seu dotô, que é da cidade/ Tem diproma e posição/ E estudou derne minino /Sem perdê uma lição, /Conhece o nome dos rios, /Que corre inriba do chão, /Sabe o nome de estrela/Que forma constelação, / Conhece todas as coisas / Da historia da criação/ E agora qué i na Lua/ Causando admiração, / Vou fazê uma pergunta, / Me preste bem atenção:/ Pruque não quis aprendê/ As coisa do meu sertão?*".[5]

Fernando Pessoa, com "O meu olhar é nítido como um girassol".

Graça (Fernando Pessoa) — "*O meu olhar é nítido como um girassol, /Tenho o costume de andar pelas estradas/ Olhando para a direita e a esquerda/ E de vez em quando olhando para trás.../ E o que vejo a cada momento/ É aquilo que nunca antes eu tinha visto, / E eu sei dar por isso muito bem.../ Sei Ter o pasmo essencial que tem uma criança/ Se ao nascer, reparasse que nasceras deveras.../Sinto-me nascido a cada momento/ Para a eterna novidade do Mundo*".[6]

---

[5] SILVA, Antonio Gonçalves. (Patativa do Assaré). Coisas do meu sertão. Disponível em http://desmontandotexto.blogspot.com/2009/09/coisas-do-meu-sertao.html. Acesso em 28/05/2021.

[6] CAEIRO, Alberto. O meu olhar é nítido como um girassol. Disponível em http://arquivopessoa.net/textos/1463. Acesso em 28/05/2021.

Mário Benedetti, "Em defesa da alegria".

Yara (Mário Benedetti) — *"Defender a alegria como uma trincheira/ defendê-la do escândalo e da rotina/ da miséria e dos miseráveis/ das ausências transitórias/ e das definitivas/ defender a alegria por princípio/ defendê-la do pasmo e dos pesadelos/ assim dos neutrais e dos neutrões/ das infâmias doces/ e dos graves diagnósticos/ defender a alegria como bandeira/ defendê-la do raio e da melancolia/ dos ingênuos e também dos canalhas/ da retórica e das paragens cardíacas/ das endemias e das academias/ defender a alegria como um destino/ defendê-la do fogo e dos bombeiros/ dos suicidas e homicidas/ do descanso e do cansaço/ e da obrigação de estar alegre/ defender a alegria como uma certeza/ defendê-la do óxido e da ronha/ da famigerada patina do tempo/ do relento e do oportunismo/ ou dos proxenetas do riso/ defender a alegria como um direito/ defendê-la de Deus e do Inverno/ das maiúsculas e da morte/ dos apelidos e dos lamentos/ do azar/ e também da alegria...".*[7]

Yara (apresentadora) — Por último, teremos as três aprendensinantes lendo uma poesia querida à professora Alicia Fernández, para finalizar, a homenagem a ela!

(Yara / Rosires / Graça) *"Caminante no hay caminho/ Se hace camino al andar /Y al volver la vista atrás. /Verás las huellas que te permitieron avanzar/ Es bueno recordar:/ No puedes exigir /Que tus huellas, sean camino para los emás /Yo no propongo, ni quiero dirigir /Sólo puedo acompanhar /Te puedo también prestar mis palabras, / mis ideas: mi 'carretel' / Para que puedas jugar... / Y como el 'niño del fort da' /Te apropries al lanzarlo del placer... /Y como el 'niño del fort da' / Disfrutes más de tu propria fuerza vital / Que de la belleza del carretel / Y como professional de la Psicopedagogia / Disfrutes más de tu deseo de aprender /Que de la certeza de nuestra teoria."*.[8]

Referências

ANZIEU, Didier. *Psicodrama analítico com niños y adolescentes*. Buenos Aires: Paidós, 1982.

---

[7] BENEDETTI, Mario. Em defesa da alegria. Disponível em http://www.anpg.org.br/06/02/2015/defesa-da-alegria/ Acesso em 28/05/2021

[8] Caminante. Disponível em https://www.cesppma.com.br/arquivos/informativo/2c40b21d6a4f55e-29bb53e7704083587.pdf. Acesso em 28/05/2021

AULAGNIER, Piera. *A Violência da Interpretação* : do pictograma ao enunciado. Rio de Janeiro: Editora Imago, 1979.

AVELAR, Yara Stela Rodrigues. *A superação das dificuldades da escrita*. A superação das dificuldades através da escrita: uma leitura a partir da prática psicopedagógica. Curitiba: Editora Integrada, 2000.

AVELAR, Yara. Prefácio. In FERNÁNDEZ, Alicia. *Psicopedagogia em Psicodrama*: Morando no Brincar Petrópolis, RJ: Vozes,2001.

BENEDETTI, Mario. *Em defesa da alegria*. Disponível em http://www.anpg.org.br/06/02/2015/defesa-da-alegria/ Acesso em 28/05/2021

CAEIRO, Alberto. *O meu olhar é nítido como um girassol*. Disponível em http://arquivopessoa.net/textos/1463. Acesso em 28/05/2021

GONÇALVES DA CRUZ, Jorge. *El conocer e sus equívocos*. Lo co-disciplinario. Revista E.Psi.BA. Buenos Aires, n.1, p. 36-38, 1995.

GONÇALVES da CRUZ, Jorge. *Montajes temporários*. Revista E.Psi.B.A. Buenos Aires,n.8, p.34-39. 1999.

FERNÁNDEZ, Alicia. *A atenção aprisionada*: psicopedagogia da capacidade atencional, Porto Alegre: Penso,2012.

FERNÁNDEZ, Alicia. *A mulher escondida na professora*. Porto Alegre: Editora Artes Médicas,1994.

FERNÁNDEZ, Alicia. *La alegria de fazer-se em Psicopedagogia*. Revista E.Psi.B.A. Buenos Aires, n.8. p.16-23. 1999.

FERNÁNDEZ, Alicia. *Pensar la alegria, aún la de pensar*-in Revista E.Psi.B.A. Buenos Aires, n.3. p. 25-29, 1998.

FERNÁNDEZ, Alicia. *Psicopedagogia em Psicodrama*: Morando no brincar. Petrópolis: Editora Vozes, 2001.

GALEANO, Eduardo. *Direito ao Delírio*. Disponível em https://poesiaspreferidas.wordpress.com/2016/02/01/o-direito-ao-delirio-eduardo-galeano/. Acesso em 26/05/2021.

PAIN, Sara. *Trazos e Trazas*. Revista E.Psi.B.A. Buenos Aires, n.4, p. 32-44, 1994.

SILVA, Antônio Gonçalves. (Patativa do Assaré). *Coisas do meu sertão*. Disponível em http://desmontandotexto.blogspot.com/2009/09/coisas-do-meu-sertao.html. Acesso em 28/05/2021

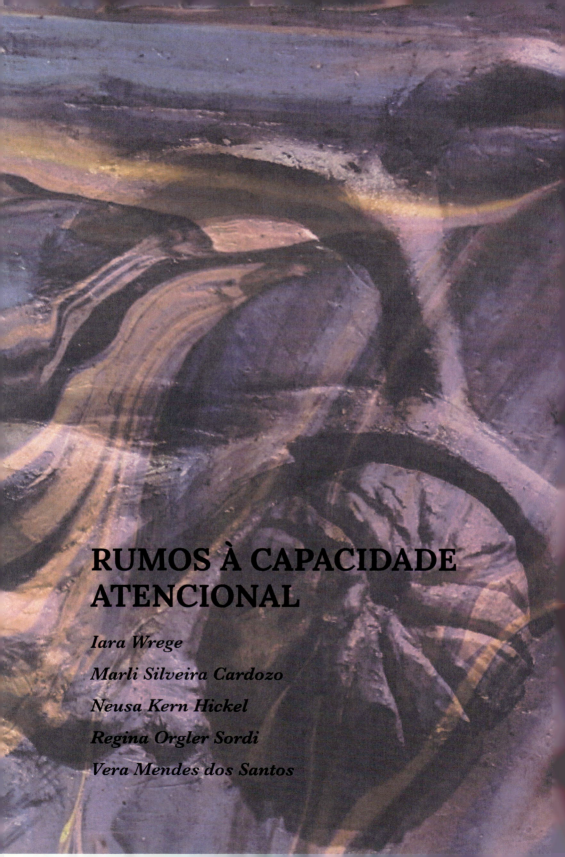

RUMOS À CAPACIDADE ATENCIONAL

Iara Wrege

Marli Silveira Cardozo

Neusa Kern Hickel

Regina Orgler Sordi

Vera Mendes dos Santos

Neste momento, em que nossas falas e toda a emoção do Tributo à Alicia Fernández, ocorrido em 2020, convergem para a escrita de um livro, algo novo se introduz: não se trata somente de publicar o que foi dito e/ou lido naquele então, e sim de organizar um memorial. Ainda que o léxico defina "memorial" como um relato de memórias pessoais e/ou concernentes a fatos ou pessoas influentes, aprendemos com Alicia que não há memória mais eficiente do que aquela que provém das máquinas. Nos humanos, as memórias passam pelo coração, transformando-se em lembranças, construções de subjetividade, carregadas de imprecisão, intensidades e tons diversos.

Nosso modo de estar presente é entremeando as vozes. Como já enredamos olhares e gestos e pensamentos por tantas vezes e tantas temporalidades, a escrita toma um fluxo de conversa, trazendo consigo a multiplicidade dos encontros.

É nesse sentido que se coloca a escrita de Neusa.

Alicia em multiplicidades

> Um rizoma não começa nem conclui, ele se encontra sempre no meio, entre as coisas, inter-ser, *intermezzo*. [...] o rizoma tem como tecido a conjunção "e... e... e..." Há nesta conjunção força suficiente para sacudir e desenraizar o verbo ser. Para onde vai você? De onde você vem? Aonde quer chegar? São questões inúteis. [...], buscar um começo, ou um fundamento, implicam uma falsa concepção da viagem movimento (DELEUZE; GUATTARI, 1995, p. 48).

Uma cartografia pode ser dita como acompanhar processos, subjetivações. Consistir um mapa enquanto se caminha, em uma coleta de pistas que vai orientando o seu andamento. Não requer iniciar de algo prescrito como começo, qualquer lugar é um lugar. Daí que nossa estação é um presente passando, puxando fios de um passado que está logo ali, atualizando-se em devires.

Se hoje afirmamos a Psicopedagogia como Psicopedagogia Clínica, voltada para toda e qualquer situação que envolva o acontecimento da aprendizagem e suas vicissitudes, desdobrando suas estratégias de ação em vários âmbitos, tal afirmação vincula-se com esse traçado rizomático, feito de conectividades, as mais diversas, que atribuímos à *maestra* Alicia Fernández.

Se hoje dizemos que a Psicopedagogia é uma área de pensamento e ação que está além da junção de conhecimentos oriundos da Psicologia e da Pedagogia, fazendo permanentes interlocuções com diferentes campos, isso testemunha rupturas que tornaram compreensíveis as múltiplas variáveis implicadas no processo de aprendizagem.

Se hoje falamos de sua posição transdisciplinar, de suas pautas marcadas pelo pensamento contemporâneo em seus modos complexos, é porque não lhe cabem os muros da disciplina e lhe apetece compor, explicitando e discernindo as concepções de aprendizagem de que fazem uso as diversas *psicopedagogias*. Aprendemos que a concepção de aprendizagem incide nos modos de ação, pois a compreensão de um problema segue uma configuração conceitual com o qual é abordado[9].

O que faz a Psicopedagogia Clínica durar, estar no tempo, é certamente a combinatória que orienta a posição de olhar e de escuta, o forte impacto das conquistas conceituais peculiares e criadas no seio de seus próprios embates, tendo como base os temas substanciais propostos por Sara Paín e Alicia Fernández. Se, inicialmente, pesavam os aportes da Psicanálise, da Epistemologia Genética e os conhecimentos pertinentes aos aspectos sociais, culturais e políticos, aos poucos, percebemos que as composições com o pensamento contemporâneo já estavam presentes: desde a formação de Alicia Fernández (2001c) em Psicodrama e a sua invenção de uma *Psicopedagogia em psicodrama*. Embora muitas de nós desfrutássemos os efeitos do espaço didático terapêutico, foi em nossa própria formação que nos deparamos com esse entrecruzamento, pois nos faltava o ato do encontro e a apropriação de certo *espaço entre*, apresentado com Eduardo Pavlovski, constituído por Alicia, conforme suas palavras na introdução dessa obra (FERNÁNDEZ, 2001c, p. 13).

Jogar-brincar é, mais que nunca, a arte espaçando o tempo, é a consolidação de um outro modo de olhar/escutar uma cena. Fernández passa a explicitar uma virada na sua compreensão sobre o jogar-brincar, indo além do *esquema de ação* aventado por Paín (1985), com base piagetiana, para a análise de um autêntico dispositivo psicopedagógico, a *Hora do Jogo*. Alicia Fernández (2001c, p. 58) introduz e denomina o "esquema de ação-significação",

---

[9] Dito de outro modo: as práticas — sempre discursivas — em Psicopedagogia referem-se às concepções de aprendizagem que as balizam, visto que prática e teoria são compatíveis no plano conceitual. Assim, a variedade de concepções pode receber alguma combinação transdisciplinar (ou mesmo multi ou inter) e são tributárias, dentre outras, da epistemologia genética, do sociointeracionismo, da autopoiese, da Psicanálise, da Neurociência, da Filosofia (HICKEL, 2013).

assinalando a singularidade das significações, "o psicodrama permite que o sujeito se constitua como seu próprio intérprete". Ela consagra essa analítica em meio à outra inovação — a atenção de adultos, com o paradigmático caso de Virgínia, em *A mulher escondida na professora* (1994b) e na ampliação, através de uma genealogia dos modos aprender/ensinar, consagrados no tema *modalidades de aprendizagem*, em *Os idiomas do aprendente* (2001b).

Os trabalhos clínicos de Alicia Fernández e Sara Paín fazem-nas buscar, por meio de seus percursos, as significações da cisão entre intelecto e pensamento simbólico. Paín (1987, 1985) defende a necessidade de descobrir as condições e circunstâncias dessa articulação, propondo o estudo das estruturas que intervêm na produção do pensamento e de sua gênese, assim como a análise dos problemas de aprendizagem e a análise das práticas denominadas como psicopedagógicas.

Se, inicialmente, o percurso de Alicia Fernández segue no mesmo rumo proposto por Paín, conjugando dimensões subjetivante e objetivante, a sua prática em um Hospital Público de Buenos Aires é, talvez, um dos seus primeiros relatos entre nós, no Sul. Essa experiência, denominada Diagnóstico Interdisciplinar Familiar de Aprendizagem em uma só Jornada (DIFAJ), é amplamente relatada em sua primeira obra entre nós (1991), denotando a inventividade que lhe é peculiar, e consagrando a ação psicopedagógica, em sua diferenciação com a atenção individualizada e liberal, convocando-nos às invenções grupais.

É desde o impacto com essa experiência que Iara conta-nos, na sequência, a singularidade se desdobrando.

A partir de Alicia Fernández

Alicia Fernández, com sua generosidade, autenticidade e modéstia, abriu-nos as portas para novos conhecimentos e, o mais importante, para a ousadia de experienciar, inventar. Isso era feito por intermédio de seu convite para brincar nas cenas e nos jogos, em que pensar e ler em cenas com nossos pares conferia-nos um lugar de potência como aprendente e ensinante.

Dos ensinamentos sobre DIFAJ, autorizei-me a propor e construir, juntamente à minha equipe de Saúde Mental da Secretaria Municipal de Saúde de Porto Alegre, uma modalidade de acolhimento e diagnóstico de crianças e pais em grupo numa jornada de trabalho que se constituía em três momentos.

No primeiro, todas as famílias e todos os profissionais reuniam-se em uma sala para conhecerem-se, onde as famílias recebiam orientação sobre o turno de trabalho e os procedimentos a serem tomados pela família após a avaliação. Cada família relatava a um profissional da equipe, além de dados de identificação da criança e da família, a constituição da família e a história clínica da criança; logo, as famílias eram divididas em dois grandes grupos: de crianças e de responsáveis. Cada grupo trabalhava em salas separadas com procedimentos específicos. No grupo de crianças, era aplicada uma hora de jogo e, no grupo de pais, havia um trabalho de escuta da demanda da família do paciente, além de informações clínicas adequadas para cada caso. Por fim, após esse trabalho em grupo, crianças e responsáveis eram liberados, e os profissionais reuniam-se para discutir cada caso e posterior devolução à família.

Essa foi uma modalidade construída devido à grande demanda de atendimentos, porém, no decorrer da experiência dessa nova modalidade, fomos abrindo espaço para que as narrativas das famílias deslizassem para refletir e pensar sobre o momento atual de forma que pudessem buscar novos sentidos e soluções de suas questões.

As aprendizagens desse trabalho foram inúmeras. Aprendemos a trabalhar como uma verdadeira equipe. Os profissionais de diversas áreas (Psiquiatria, Psicologia, Psicopedagogia, Terapia familiar, Fonoaudiologia e Pediatria) debruçaram-se conjuntamente para a escuta clínica das famílias, investindo no aprender, convocando todos a estarem ali, naquele espaço de pensar, como espaço de intensidades.

Aprendemos enquanto equipe a considerar a fala da criança e a demanda dos pais na indicação do terapeuta responsável na equipe, sobretudo a fala da criança expressa especialmente na hora de jogo com as outras crianças na jornada de diagnóstico.

Diagnosticamos crianças em grupo com base em seu brincar, em sua comunicação e relação com seus pares e coordenadores do grupo, levantando hipóteses diagnósticas em conjunto de toda a equipe por meio da interface dessas relações e considerando sua subjetividade para indicação do terapeuta indicado.

Trilhamos uma escuta clínica dos pais, tomando como princípio as falas trazidas no grupo da jornada de acolhimento, possibilitando a tecitura da rede, mediando relações e trazendo reflexões ao relato de vivências. Dessa forma, evidenciamos sempre que um grupo é um campo de relações e que, a partir da historização das vivências, oportunizamos o sentir, o pensar e o pensar sobre si mesmo.

O trabalho de uma jornada de acolhimento de crianças e pais em grupo para atendimento pela equipe promoveu uma indicação terapêutica inicial baseada na demanda, e não mais nas queixas trazidas pelos pais ou pela escola ou unidade sanitária. Mostrou que uma abordagem preventiva e terapêutica nas diversas áreas profissionais faz um resgate de produção de ações e conhecimentos que resultam em garantir a possibilidade das experiências relacionais familiares e com os demais segmentos da sociedade, sobretudo com a aprendizagem. Proporcionou um maior vínculo das famílias com a equipe, e não só com o terapeuta responsável pelo atendimento, bem como recompôs uma nova concepção da responsabilização dos pacientes. Os pacientes ingressos na equipe passaram a ser da equipe, e não paciente de um especialista da equipe, o que abriu a possibilidade de acompanhar e avaliar tanto o acolhimento quanto o tratamento, por meio de um banco de dados e de uma análise dos dados nele contido.

No estudo do acolhimento, dimensionamos a priorização da nossa clientela, no caso, crianças que sofriam violência doméstica; no estudo do acompanhamento dos tratamentos, tivemos um aumento de alta dos pacientes ou de melhora de pacientes e famílias em atendimento. Por último, proporcionamos uma abertura para estudo em grupo com os componentes da equipe.

Nada disso seria possível sem o conhecimento do DIFAJ e o aporte teórico trazido por Alicia[10], servindo como arcabouço de conhecimento para o desenvolvimento da prática da equipe. Trouxe também o encorajamento a todos da equipe para mostrarem/reconhecerem seus saberes, assim como aceitarem seus não saberes.

Como Alicia Fernández (2001a, p. 24) diz, "não se pode aprender se não reconhecemos algo de nosso saber. Tampouco podemos aprender se não damos espaço ao não saber". Com essa frase, compartilho minha alegria pelos tantos aprendizados. Alicia continuará presente em nós!

---

[10] Neste texto, sempre que se apresentar "Alicia", "Sara", "Jorge", estamos referindo-nos, respectivamente, à Alicia Fernández, à Sara Paín e ao Jorge Gonçalves de Cruz. Compreendemos que o convívio permite-nos esse tom coloquial.

Através de deslocamentos

As proposições de Paín (1987, 1985), ao deslocarem a condição orgânica (entenda-se neurológica), e a condição psicomotora como sedes do pensamento e da aprendizagem, as tornam coadjuvantes e nos conduzem a formulações revolucionárias, tal como afirmar a aprendizagem como multidimensional e, consequentemente, os problemas como multicausais. Isso quer dizer que as instâncias de corporeidade, organicidade e os processos objetivante/subjetivante não são determinantes isoladamente. Cada uma e todas vivem e produzem(-se) nas relações e circunstância de vida (HICKEL, 2013).

Dessa conjunção, destaca-se o caráter relacional do aprender, sublinhado entre as inúmeras experiências acolhidas por Alicia Fernández nos espaços de *coovisão*. A amplitude desse caráter relacional explicita-se justamente ao defender a premissa que diferencia a tríade professor-aluno-objeto de conhecimento dos lugares triangulados *ensinante-aprendente-objeto da apropriação*, que, enquanto lugares de impermanência, não se confundem com as posições, social e culturalmente marcadas, de aluno, professor e conteúdo curricular[11].

Ora, essa mesma ênfase relacional é a que está presente na ideia de espaço de jogo, composto com a concepção de Winnicott (1975) sobre o *espaço transicional*, bem como em um tema correlato, que vai situar o lugar da Psicopedagogia, e de conhecimentos próximos nos espaços intermediários — no *entre* dos conceitos presentes no circuito informação-conhecimento-saber. Essa concepção compõe o vértice da Psicopedagogia, no qual incide seu objeto de pensamento e de ação. Tais questões estão presentes em um texto memorável, tanto porque remete às nossas idas, estadas e vindas em Buenos Aires quanto porque revela nosso nomadismo a incorporar e encarnar aquela gama conceitual, então provocadora de estranhamento e sempre traduzida pela pergunta: afinal, o que é a Psicopedagogia?[12] É também embalada em interrogantes que Vera conta-nos a seguir.

---

[11] "Nesse jogo, ensinar e aprender não são funções instituídas, ao contrário, são funções instituintes, pois que acatam o fluxo da vida, sempre em movimento — *quem* — ocupa o lugar é sempre no sentido da potência: um aluno aprende e ensina, um professor ensina e aprende, sendo assim ambos *aprendensinantes*, como diz Fernández" (HICKEL, 2013).

[12] Essa é a pergunta que intitula o artigo "El porqué, para qué y cómo de la insistencia de la pregunta: ¿Qué es la Psicopedagogía? (FERNÁNDEZ, 1994a).

Um sonho com Alicia

Quando me sentei para escrever, logo me veio a ideia de pegar o livro *Inteligência aprisionada* (1991), minha bússola, meu porto seguro, para meu caminhar de iniciante lá nos anos 1990.

> [...] Com que recursos conta para aprender? O que significa o conhecimento e o aprender no imaginário do sujeito e de sua família? Qual é o significado da operação particular que constitui o sintoma? Qual é a posição do sujeito frente ao não dito, ao oculto, ao secreto? [...]. (FERNÁNDEZ, 1991, p. 37)

Quem não se lembra dessa cantiga primária dessa trilha sonora, da página 37?

Ao ouvirmos essa melodia, essa voz embalava-nos, nutria-nos, dava-nos direção e força para coordenar as rodas de aprendizagem em salas de aulas ou para adentrar ao desconhecido território da história de cada criança que batia a nossa porta, e éramos desafiadas a desvendar.

Convencida que iria começar por ele, fui procurá-lo na minha estante. Tomando-o nas mãos, comecei a folheá-lo a esmo, brincando de ler, ou fazendo de conta que nunca o havia lido. Porém, logo ao abri-lo, senti movimentar meu peito, e uma respiração profunda me transportou para muito longe. Perguntei-me: "há quanto tempo não visito esse lugar tão querido e familiar?" Respirei novamente e continuei passeando distraída e sem pressa por aquelas páginas-paisagens, à espera de ser surpreendida por alguma palavra, imagem ou epígrafe a ser trazida para esta escrita.

No entanto, em vez de aparecer algo ligado ao conteúdo ali impresso, o que chegou primeiro foi uma explicação: "o que você está fazendo ao folhear o livro desse jeito chama-se inventário: tomar distância para poder vislumbrar o todo". Bem, diante desse aviso, dei um pulo e só aí interrompi por completo meu estado de sonho, de faz de conta.

Voltei a colocar os pés no chão, mas tive que rir pelo tipo de surpresa, porque estava procurando Alicia e veio Sara, com sua *Hora de jogo* (1985). Pensei cá com meus botões. Hum... Hora de jogo?! Então... quer dizer que é para eu continuar brincando aqui! Compreendi a mensagem e, quando vi, já estava novamente planando sob as asas do brincar... Ah, como é bom entrar e ficar nesse mundo!

De repente, um vento forte soprou o chão onde eu estava, abrindo uma espécie de clareira, e nesse espaço circular depositou a minha frente uma grande caixa... Curiosa, quis saber de onde vinha, o que trazia em seu ventre. Procurei a etiqueta, virei, desvirei e nada de identificação. Ansiosa, fui logo abrindo a caixa. À primeira vista, vi ali dentro muitos objetos. Em seguida, percebi que cada um era único em suas cores, formas, tamanhos e texturas, todos esbanjando originalidade e graça. Eram feitos em argila, conchas, madeira, pedras, tecido, folhas, sementes... Assim, um pouco mais tranquila, comecei a tocá-los, percebendo que cada peça servia de suporte para a escrita de uma mensagem, como se fosse um pequeno bilhete escrito em cada um dos inúmeros fragmentos. Por último, inteirei-me que além da escrita outro traço os agrupava: todos traziam depois do ponto final o nome Alicia, identificando, portanto, a autora das mensagens.

Emocionada, fui lendo e retirando da caixa ensinamento por ensinamento, compondo no chão um mosaico de cores, texturas, aromas, sentidos, que só a dimensão do sonho pode abarcar seu volume, profundidade, generosidade, intensidade e beleza. Finalizada a exploração peça por peça, senti a presença de uma brisa leve e perfumada que, sem palavras, foi retirando suavemente a caixa, agora vazia, que igualmente em silêncio, como a brisa, foi afastando-se... Rodopiando... Dançando... Movendo-se em redemoinhos, até desaparecer no horizonte.

Antes que eu pudesse me apegar aos sentimentos provocados pela inusitada visita, toda essa quietude foi quebrada pela eclosão de um clarão fulminante, instantâneo, que banhou de luz, em menos de um piscar de olhos, o conjunto de objetos deitados ali no chão, derivados da saudosa caixa. Não se sabe como, mas, quando olhei, todas as mensagens já estavam arranjadas em forma de uma harmoniosa e colorida mandala. Também num passe de mágica, olho minhas mãos e vejo aparecer do nada uma foto panorâmica que incluía todas as partes daquele rico e vasto material. Olhei a foto e pensei: essa foto só pode ter sido disparada de um lugar muito alto. O fotógrafo misterioso pretendeu captar num único lance o todo inscrito naquelas profundas geometrias.

Mesmo sem saber por que e sem pensar em mais nada, fui logo transformando aquela foto "panorama" num canudo. Olhei através dele como se fosse uma luneta. Surpresa, vi que a mandala fotografada do alto, bem do alto, mostrava que aqueles aparentes fragmentos em forma de mensagens davam origem a um imenso e complexo mapa, uma espécie de carta náutica, uma rede de sentidos, que colocados em movimento revelavam o caleidoscópio dos saberes criados por Alicia. Lá do alto, bem do alto, podia-se ver, o raios-X da sua escuta apurada e brincante. Lá do alto, bem do alto, se podia registrar a ressonância de ondas e imagens em alta definição, dos fios e tecidos de toda a anatomia que abarcaram sua arte, de viver e de nos ensinar.

Acordei, abri os olhos, lamentei por desembarcar de tal aventura. Fiquei surpresa e agradecida pela riqueza da experiência, pelo privilégio das imagens que pude enxergar e sentir. Levantei-me apressada, assustada, saí correndo, preocupada em escrever a tempo, mas, no caminho, esbarrei em uma personagem que também vinha acelerada, pois havia escapado do livro *Histórias tatuadas* (MOOJEN, 2000).

Percebendo minha aflição, me tocou levemente o ombro e me disse: "Calma! Calma! Escute! Escute aqui, o que eu tenho para te dizer":

> As marcas deixadas, sejam por amor, corte ou tatuagem ficam para sempre. São bem mais que verdades. Fazem parte da alma da gente assim como os olhos enfeitam o rosto. Assim como a história ou como a chuva. As marcas que ficam na gente são aquilo que esquecemos e aquilo que somos para sempre (MOOJEN, 2000, p. 18)

Obrigada, querida Alicia, minha homenagem a você só poderia vir vestida de sonho, porque de outra maneira não saberia contar o que recebi de ti e do Jorge. Para finalizar, quero dizer que sou muito grata a todas as andorinhas que ajudaram a desenhar, tão de repente, essa imensa revoada psicopedagógica, em reconhecimento e gratidão ao vasto e profundo legado que Alicia Fernández nos alcançou.

Do sonho ao lúdico

É com a complexidade de voos e sonhos, em suas muitas dimensões, que Alicia Fernández investiu na assessoria que prestava à Equipe Psicopedagógica da SMED/POA entre os anos 1990-1992. Desconheço o fato de haver outros grupos que tiveram o privilégio de contar com a militância da *maestra* durante três anos de intensivos acontecimentos. Jogávamo-nos, sabedoras da sua ancoragem, pela escuta que nos acudia, sinalizando a nossa implicação, as multiplicações que íamos fazendo, por nossa vez, através das assessorias nas escolas da rede municipal.

Essa inserção produzia invenções e intervenções, atenção preciosa às demandas vivenciadas nas escolas, tal como as temáticas da *queixa* e da *agressividade e a aprendizagem*, apresentadas em Porto Alegre para rede escolar, e posteriormente agregadas à obra *A mulher escondida na professora* (FERNÁNDEZ, 1994b). Se até os anos de 1980 se afirmavam concepções unilaterais aos efeitos de não aprender, tal análise se torna inviável sob a perspectiva da complexidade de suas tramas, pois "o não aprender [...] é sempre produtor de sentidos [...]" (HICKEL, 2013).

Entremeados a essa multiplicidade emerge uma temática singular, especialmente tratada por Alicia Fernández (2001a, 2001b, 2001c) em suas obras, que se refere à *autoria*. Para definir a autoria, é preciso que se compreenda a ação-função de *olhar e de escuta*, por sua vez, um dos temas mais cruciais em Psicopedagogia Clínica, indicados como uma postura clínica que situa tempo-espaço de aprender como espaço transicional, interligado e correspondente ao *lugar analítico*, ou seja, aquele que "outorga valor e sentido à palavra de quem fala"; e a *atitude clínica*, ou seja, o "debruçar-se sobre a singularidade de cada história em busca de esquemas de ação-significação" (FERNÁNDEZ, 1991). É sobre esses temas que escreve Marli a seguir.

O olhar, a escuta — dois *agoras* com Alicia

Ausência
Por muito tempo achei que a ausência é falta.
E lastimava, ignorante, a falta.
Hoje não a lastimo.
Não há falta na ausência.
A ausência é um estar em mim.

E sinto-a, branca, tão pegada, aconchegada nos meus braços,
que rio e danço e invento exclamações alegres,
porque a ausência, essa ausência assimilada,
ninguém a rouba mais de mim.

(Andrade).

Esse poema, uma marca na trajetória com Alicia, leva-me a um deslocamento de tempo/espaço como se fosse em mim dois *agoras*. Em Buenos Aires (fevereiro de 2015), quando nós — o grupo *aliciano* do Sul do Brasil — despedíamo-nos da Alicia, imersas numa dor profunda de perda, ao mesmo tempo, havia uma potência de ser e estar construída ao longo de 25 anos de convívio e aprendizagens edificantes e emancipadoras com a nossa *maestra*; isso, naquele momento, ancorava em mim a possibilidade de recitar esse poema à Alicia e a todos que lá estavam.

Foi muito forte essa experiência vivida. Ressoou para mim como a protagonização de um novo tempo: sem Alicia, mas com Alicia! Com todo o legado que nos deixou.

A ação-função de olhar e de escutar, como nos disse Hickel (2013), é um dos temas mais cruciais em Psicopedagogia Clínica, na medida em que o indecifrável de cada história que defrontamos na clínica (e até mesmo na vida comum) só é possível alcançar se construirmos com o outro em nós uma atitude clínica que nos permita transitar pelos fluxos rizomáticos do outro, "o aprendensinante" (FERNÁNDEZ, 2001b), com quem estamos em companhia e acolhimento.

> O não aprender guarda em si uma potência que diz da sua semântica, ou seja, ele sempre está inserido em um campo de significações e sempre produtor de sentido. Tudo que ele nos mostra são seus signos cabendo a busca, mediada pela escuta e pelo olhar [...]. (HICKEL, 2013, p. 8).

O lugar analítico, como Alicia ensinou-nos, é o que vai nos possibilitar encontrar "o original", o singular e o encantador de cada história. Ao encontrar o "dramático" na implicação com o "aprendensinante", a magnitude da compreensão/conhecimento poderá levar-nos à elucidação do real "esquema ação-significação", que atravessa o ser nas suas relações em todas as suas multiplicidades, nos diferentes lugares da sua vida e, de modo particular, nas relações de aprendizagem.

Ao lugar analítico e à atitude clínica necessários a todo terapeuta está implicado o ato de olhar/escutar; uma escuta de modo apurado, brincalhão e lúdico. Como nos disse Lowenkron (2006, p. 171), baseando-se em Freud: "ele (o terapeuta) deve conter todas as influências conscientes da sua capacidade de prestar atenção e abandonar-se inteiramente à memória inconsciente". Em outras palavras, deve deixar sua escuta analítica fluir naturalmente e não se colocar em posição de controlá-la, desviando para um caminho ou outro, com base no que supõe ser o relevante.

Desviar, intervir (vir entre), deixar a coisa fluir desde o espaço transicional — na compreensão winnicottiana.[13] Considerando o pensamento contemporâneo, à luz da Filosofia da Diferença, o terapeuta implicado com quem o escuta pode promover novos contornos, por exemplo, uma clínica que advém do *clinamen*, pondo certas questões de maneira peculiar. Ao se fazer prescrição, mata-se a escuta. Na relação terapêutica, é preciso fazer-se um caminho não prescritivo, não interpretativo, percorrido pela construção.

"Escutar, receber, aceitar, abrir-se, permitir, impregnar-se. Olhar, seguir, procurar, incluir-se, interessar-se, acompanhar" (FERNÁNDEZ, 1991, p. 131). Todos esses movimentos/gestos dizem de uma cena, onde se brinca, onde se cria, inventa-se e reinventa-se cada um dos personagens na singularidade dos respectivos papéis.

Na esteira do olhar e escuta que caminhamos, emerge ainda uma questão tratada por Alicia Fernández (2001a, 2001b, 2001c) em suas obras: a autoria. A definição de autoria requer a compreensão da ação do olhar e da escuta. Construir-se autor implica ser olhado com a crença e a confiança que brota no entre onde ambos os atores desfrutam da alegria e da criação.

"Aprender supõe um reconhecimento da passagem do tempo, do processo construtivo o qual remete à autoria. [...] Aprender supõe, além disso, um sujeito que se historiza." (FERNÁNDEZ, 2001b, p. 68). Historicizar-se é um modo singular de se construir autor, significar o mundo e significar-se nele, caracterizando a autoria; sem a qual não há aprendizagem, ao contrário, será configurada na memória das máquinas, no mundo contemporâneo da instantaneidade.

Finalizo com uma poesia a qual suponho muito emblemática na trajetória com Alicia:

---

[13] O termo é proveniente das concepções de D. Winnicott, especialmente da obra *O brincar e a realidade* (1975).

Caminhantes

Cada um que passa em nossa vida,

Passa sozinho...

Porque cada pessoa é única para nós,

E nenhuma substitui a outra.

Cada um que passa em nossa vida,

Passa sozinho,

Mas não vai só...

Cada um que passa em nossa vida,

Leva um pouco de nós mesmos,

E nos deixa um pouco de si mesmo...

Há os que levam muito,

Mas há os que não levam nada...

Há os que deixam muito,

Mas há os que não deixam nada...

Esta é a mais bela realidade da vida.

A prova tremenda

Da importância de cada um,

É que ninguém se aproxima da outra

Por acaso...

(SAINT-EXUPERY, 2010).

Sinto-me afectada, profundamente imersa no emaranhado de tantas emoções vividas num interjogo de tempo/espaço que me fazem ir e voltar com alegria.

Agradeço carinhosamente a convivência de quase 30 anos, a plenitude de aprender e ensinar sempre, na companhia da nossa Maestra Alicia. Ao Jorge, também a minha gratidão!

Da autoria à atenção

Há um *éthos* que confere à escuta e ao olhar uma dimensão de *autorização*, compatível com o sentir-se *autorizado*.[14] Fernández (2001a, p. 89) diz que a maioria das pessoas que demandam ao consultório psicopedagógico apresenta dificuldades para se dizerem autores, "não confiam que sua capacidade pensante possa produzir algum efeito". A autoria é, ao mesmo tempo, fator de produção e de responsabilidade pelo produzido, incidindo nos modos de pensar[15].

Desde esse tema, bifurcam-se outras perspectivas, como a de Sordi (2003, p. 150), para quem a autoria apresenta-se como a expressão que procura dizer da singularidade, é algo que "não tem a ver com o que já está feito, não é compreendida como um produto, mas como uma abertura para o sempre inacabado, fala mais de um devir, um modo de situar-se".

A imagem de pensamento na qual costumam repousar as concepções de autor e de autoria remete ao dogmatismo do senso comum: autor é um sujeito produtor de algo; autoria é o processo, e o resultado, um objeto.

> Esse ritual cognitivo-recognitivo é interrompido quando se questionam os processos aquém da aprendizagem, quando *aprender* está em um infinitivo, na impessoalidade do acontecimento. (HICKEL, 2015, p. 127).

Não há dissociação de operações, e sim uma continuidade atemporal. Autoria é um princípio ético de produção em imanência com sua prática, isto é, enquanto dura a produção. Há um movimento incessante que não busca um resultado, mas, sim, uma prática, estando aí sua dimensão ética[16].

Esse percurso, que evidentemente não pretende dar conta da extensa produção de Alicia Fernández, é antes de tudo uma busca aos seus gestos de autoria e aos nossos próprios, pois nos cabe testemunhar através:

---

[14] Ora, tal posição é a que convoca um *ensinante*, um criador de espaços de criação/invenção (transicionais), com cujo gesto *aprendente* instaura-se, ele próprio, na autoria, de modo que o outro, um aprendente, possa com seu gesto *ensinante*, instaurar-se na autoria (HICKEL, 2013).

[15] Ora, o pensamento não é autônomo, ele está intrincado no tecido em que se faz a objetividade e a subjetividade, portanto, ligado ao desejo, que por sua vez se emaranha na diversidade das relações e da produção de sentidos.

[16] "Trata-se — esse um aprender em impessoalidade e uma autoria — de uma experiência a qual cabe somente testemunhar, buscar um *tempo perdido*, tomar *no* acontecimento" (HICKEL, 2015, p. 127).

> [...] da dor e da alegria de aprender a ficar e ao mesmo tempo partir; leveza e peso das metamorfoses cujas forças ativas fizeram-nos deslizar pelas extensas superfícies dos encontros. Corporeidades inventadas pela mão de Alicia, em espaços, lugares, habitações duradouras ou provisórias. (HICKEL, 2001, p. XIII).

Por fim, nesses tantos lugares e tempos de pensamento, marcamos sua obra *A atenção aprisionada*, apresentada por Regina como plano relacional dos encontros que nos implicam — nosso com Alicia, de Alicia conosco.

A atenção aprisionada

Cabe-me apresentar o texto que preparei para o Tributo. É sobre o livro *A atenção aprisionada: psicopedagogia da capacidade atencional* (FERNÁNDEZ, 2012). Antes, gostaria de relatar uma memória/lembrança que diz respeito ao tema da atenção: um bebê mama enquanto brinca. Essa formulação, que me pareceu estranha quando a escutei pela primeira vez, foi auspiciada por Alicia Fernández nas Jornadas E.Psi.B.A. (1996), quando convidou Ricardo Rodulfo para dar uma palestra.

"Um bebê mama enquanto brinca. Como assim? Não é que o bebê brinca enquanto mama?" Estou trazendo esse pequeno recorte não apenas porque ele vai introduzir o tema desta escrita sobre o último livro escrito por Alicia Fernández em 2012, *A atenção aprisionada: psicopedagogia da capacidade atencional*, mas para contar a vocês o quanto foi prazeroso e surpreendente meu convívio com Alicia. Quase tudo que eu estudara e pensara até então virou de cabeça para baixo, como nesse enunciado de Rodulfo (1996). Aliás, as pessoas que Alicia convidava para as inesquecíveis Jornadas de Psicopedagogia tinham uma batida muito parecida com ela: uma liberdade para pensar, um pensamento criativo profundamente embasado e reflexivo e uma generosidade para comunicar suas ideias.

Aprendi, assim como quando escutei essa frase de Rodulfo, que a melhor parte da aprendizagem é a surpresa. Acostumada com as concepções clássicas psicológicas e psicanalíticas, o brincar sempre vinha depois do oral, da sucção, de alguma coisa. Meus olhos passaram a brilhar diante daquele mundo *fita de moebius*, um mundo que, de conhecido, transformava-se em surpresa, desconhecido e, logo, conhecido de novo, mas mais rico, mais cheio de sentidos.

"Surpresa", assombro, temas que Sara Paín (2008, 1998) lindamente desenvolveu ao longo de sua obra: todo aprender que não liberar uma atitude estética torna-se pragmático e desencantador, tendendo a girar no vazio. Até conhecer Alicia Fernández, minha mestra, amiga, mãe intelectual e terapeuta, eu pouco apreciara a beleza do conhecimento e do saber, o desassossego da surpresa na aprendizagem e achava que brincar era coisa de criança, menos ainda, não tomara conhecimento que aprender é brincar com as ideias.

Rodulfo, então, foi desenvolvendo sua reflexão a partir da ideia de que o brincar é o primeiro gesto espontâneo. O mamar é possível porque o bebê brinca. Distrai-se com algo, um botão, uma lãzinha que se desprende do casaco da mãe, uma superfície do corpo materno. O leite vem do outro, o brincar é uma criação do bebê, a primeira experiência de autoria. O brincar é um gesto sem demanda, e nascemos com essa capacidade.

No livro *A atenção aprisionada*, Alicia escreve que, desde o início da vida, o brincar vem de mãos dadas com o outro, acontece na intersubjetividade. Poderíamos denominá-lo um espaço atencional fundador em que uma criança é lançada ao mundo a partir do singular lugar que tem para o outro. Interessante que, desde *A inteligência aprisionada*, Alicia enfatiza que sua intenção é analisar as capacidades de aprendizagem partindo de uma postura que permita resgatar as possibilidades do sujeito, ao invés de dar protagonismo aos *deficits*. Nada mais coerente com a postura da Psicopedagogia clínica que sempre nos ensinou a contatar com aquilo que o outro conhece, para que mostre sua modalidade de aprendizagem e seus potenciais de simbolização.

Em *A atenção aprisionada*, Alicia retoma os ensinamentos dos outros livros, artigos e cursos para mostrar como as diversas capacidades humanas participam dos processos atencionais: o olhar, o escutar, o tocar/acariciar/agarrar, o brincar. Nada mais distante do que a ideia de que se aprende imitando e de que a atenção não se constrói. Por extensão, tanto a inteligência quanto a atenção ficam reduzidas a funções mecânicas.

Em nosso cotidiano profissional, ainda convivemos com essa sinonímia em que o olhar e o ver são tomados como fatores orgânicos. Os olhos facilitam ver, mas não garantem, por isso, os cegos podem ver com os dedos e por intermédio dos poros da pele. Da mesma forma, a capacidade atencional permite escutar o que se ouve. Nesse sentido, nem toda distração é indesejável, nem toda desatenção é para ser evitada.

Mais ainda, precisamos diferenciar os movimentos reativos de desatenção e de distração saudável dos aprisionamentos da atenção, cujos efeitos de excesso obturam a possibilidade de atribuir significações. Quando a atenção é tratada como um problema de exterioridade, ela pode incidir em tentativas de aumentar a capacidade de atenção para realizar tarefas, o que em nada garante a aprendizagem. Isso se deve a que atender não é perceber uma continuidade linearmente. Pelo contrário, a capacidade atencional trabalha articulando e desarticulando continuidade e descontinuidade. A atenção produz-se entre a recepção das impressões e o trabalho de produzir sentidos que requerem descontinuidades.

Assim surge o pensar distraído, aquele que se descontinua à atenção focada. Quantas vezes confundimos distração com dispersão? E, mais ainda, o quanto confundimos distração com desatenção? Pois é, justamente quando nos distraímos que mais nos encontramos presentes em nossos pensares. Como no piscar de olhos, uma defesa orgânica contra algum excesso; há que fechar os olhos para renovar a umidade, para renovar o olhar, dar-se um tempo e olhar com os olhos de dentro, para só então focar novamente o fora.

Pensar e atender correlaciona-se. É impossível atender deixando de lado o significar. Significação que, por sua vez, supõe certa seleção, pois nunca captamos o todo, e sim aquilo que nossa história singular e as circunstâncias permitem selecionar. Nascendo e se produzindo na inter-subjetividade, a atividade do pensar é promovida por fazer próprio o que nos é alheio e de dar ao outro o que nos é próprio. Longe de considerar "o próprio" como sinônimo de propriedade privada, trata-se de que, à medida que o pensar é entregue ao outro, ele se torna próprio. O sujeito se reconhece naquilo que entrega, se responsabiliza, nasce como autor.

Nesse ponto, precisamos diferenciar a atenção como uma capacidade e o atender como um trabalho psíquico inerente ao desejo de aprender. Atender é cuidar, cuidar amorosamente, escutar, entender, aguardar. Por isso diz-se "fui bem atendido", "fui muito bem atendido". Já atenção pode remeter-se à tensão, ao alerta, perigo. Como será recebido por um aluno o pedido de um professor para que ele preste atenção? Receberá como um convite para que cuide amorosamente de algo ou que se defenda de um perigo iminente?

Assim como as modalidades de aprendizagem constroem-se em relação com as modalidades de ensino dominantes no meio familiar e social, as modalidades atencionais constroem-se em correspondência com os modos de ser atendido e com os modos atencionais propostos pela sociedade.

Atende-se de modos diferentes a realidades diferentes. Com tantas e tão rápidas transformações nos tempos atuais, mudam também as representações de tempo e de espaço. Os meios virtuais produzem novas demarcações para as noções de vizinhança/proximidade, longe/remoto, impondo a miniaturização e a vertiginosidade, que, por sua vez, exigem atenção veloz e aberta, simultaneamente.

Jorge Gonçalves da Cruz (2006) aponta para o fato de que os jovens têm desenvolvido modalidades atencionais mais desfocadas, descentralizadas, mas que, mesmo assim, não caem na dispersão profunda, simultaneamente atentos ao texto e ao contexto. A força do imperativo midiático de estar conectado exige atender ao mesmo tempo a uma multiplicidade de mensagens superpostas e modifica a participação corporal. Isso pode tanto fragmentar a disposição corporal quanto ampliá-la. Mais do que nunca, temos vivido imersos nos meios de comunicação remotos, cuja análise foi amplamente desenvolvida ao longo do livro. Temos assistido e participado de novas formas de atender, de nos comunicarmos, de aprender e de ensinar. Surgem relatos de sofrimentos psíquicos, dificuldades de concentração, fadiga, aumento do número de crianças, adolescentes e adultos medicados.

Sempre que nos perguntamos, em nossos diálogos internos com Alicia, sobre as questões dos sofrimentos psíquicos e das dificuldades de aprendizagem, ela nunca nos dirá o que fazer, menos ainda, indicará uma técnica a aplicar. Sempre sugerirá que as respostas estão em nós mesmos, desde que trabalhemos nossas perguntas na interseção entre conhecimento e saber. Mais ainda, sugere o que não fazer: não prejulgar, preconceber, não observar com o objetivo precípuo de pretender realizar diagnósticos precisos.

Analisando o mundo a sua volta, Alicia discutiu as diferentes modalidades atencionais que participam das diferentes realidades que vivemos, não sem antes nos alertar para o cuidado de não ficarmos rapidamente presos a novidades, o que em geral impede de criar. Discorreu sobre condições de trabalho atuais que provocam instabilidade e mudanças e para as quais se exige uma atenção desfocada para atender aos fragmentos ocupacionais diversos e simultâneos. Esse fato compete com a caída dos empregos e o advento de trabalhos e ocupações temporárias, gerando ansiedade e insegurança nas figuras parentais, o que muito se observa sobre a caída de projetos identificatórios para os filhos.

Em tempos de empregos vitalícios, os pais sabiam o lugar que ocupavam na sociedade e sabiam com maior segurança o lugar que almejavam para seus filhos. Estes últimos, por sua vez, diante de um mandato parental para exercerem tal ou qual profissão, tinham duas alternativas: ou resignavam ao mandato parental ou se rebelavam. Com o advento da instabilidade laboral, diante da pergunta: "pai, o que tu achas que posso fazer?", frequentemente ouve-se a resposta: "faz o que tu quiseres, meu filho". E os filhos, por falta de modelos identificatórios estáveis, adentram suas adolescências de forma errante, sempre em busca e dificilmente encontrando. Acresce-se que as configurações familiares também mudaram, são mais dispersas. Pais, mães, filhos e irmãos disseminam-se em diversas figuras com mobilidade e superposição temporal e espacial, promovendo uma atividade atencional diferente.

Como podemos perceber ao longo da leitura de *A atenção aprisionada*, Alicia não se detém apenas ao tema da atenção requerida para a aprendizagem, mas aponta os caminhos para a aprendizagem da atenção. Filia-se, nesse campo, a autores como o filósofo Husserl e sua *epoché*, para quem a atenção obedece a um ciclo que pode ser desdobrado em três atos: suspensão-redireção e deixar-vir (SORDI; NARDIN, 2006). A suspensão da atitude natural acontece quando a atenção normalmente voltada ao exterior sofre um abalo. Como caracterizei no início, é o momento da surpresa: algo que não era antecipado e que retira o sujeito de sua atitude recognitiva. Na suspensão, a atenção atravessa um vazio, um intervalo temporal que se revela como uma espera. Caracterizo essa atenção voltada para si mesmo como um "olhar com os olhos de dentro". Se formos capazes de permanecermos abertos ao não saber, acolhendo esses elementos opacos, difusos, momentos de distração, podemos acolher o que vem, o deixar-vir, terceiro momento do ciclo atencional. É nesse retorno que se dá a possibilidade de compreensão, de simbolização, solo para toda invenção e criatividade.

De braços dados com a Psicopedagogia, com a Psicanálise, a Filosofia, a Arte e a Literatura, o último livro escrito por Alicia vai mostrando-nos o perigo dos reducionismos e da adesão a posturas simples e esterilizantes que negam o plural, o complexo e as diferenças. *A atenção aprisionada* trata de abrir espaços de resistência.

Em sendo um livro de resistência, sinto que posso concluir minha escrita neste momento. Essa belíssima e corajosa iniciativa de realizar um tributo à Alicia Fernández ajudou-me a começar a me movimentar de um luto profundo de cinco anos. Nesse sentido, um ato de resistência. Afinal, é um tributo à vida da nossa mestra. Revendo os apontamentos que guardo com tanto carinho e que representam os 20 anos de convívio pessoal com essa maravilhosa família *Epsiba*, encontrei um que diz que aquilo que não se escreve/inscreve, não adquire o ato de pensável. Pois bem, pela primeira vez em cinco anos, consigo escrever e agradeço muito por isso.

Referências

ANDRADE, C. D. Ausência. *Escritas*, [2020?]. Disponível em: https://www.escritas.org/pt/t/1729/ausencia. Acesso em: 22 mar. 2021.

COSTA, A. *Corpo e escrita:* relação entre memória e transmissão da experiência. Rio de Janeiro: Relume Dumará, 2001.

GONÇALVES DA CRUZ, J. *¿En qué cancha jugamos? Entre la distracción defensiva y la discontinuidad productora de sentidos*. Revista EPsi.B.A., n. 12, p. 46-53, 2006.

DELEUZE, G.; GUATTARI, F. *Mil platôs, capitalismo e esquizofrenia 2*. São Paulo: Editora 34, 1995. v. 1.

FERNÁNDEZ, A. *A atenção aprisionada*: Psicopedagogia da capacidade atencional. Porto Alegre: Penso, 2012.

FERNÁNDEZ, A. *O saber em jogo*. Porto Alegre: Artmed, 2001a.

FERNÁNDEZ, A. *Os idiomas do aprendente*. Porto Alegre: Artmed, 2001b.

FERNÁNDEZ, A. *Psicopedagogia em psicodrama*. Petrópolis: Vozes, 2001c.

FERNÁNDEZ, A. *El porqué, para qué y cómo, de la insistencia de la pregunta: ¿Qué es la Psicopedagogía?* Revista E.Psi.B.A., n. 0, p. 11-19, 1994a.

FERNÁNDEZ, A. *A mulher escondida na professora*. Porto Alegre: Artes Médicas, 1994b.

FERNÁNDEZ, A. *A inteligência aprisionada*. Porto Alegre: Artes Médicas, 1991.

HICKEL, N. *Clínica de um aprender*. Curitiba: Appris, 2021.

HICKEL, N. *Vestígios, restos e gestos:* testemunhos de autoria. 2015. Tese (Doutorado em Psicologia Social) – Universidade Federal do Rio Grande do Sul, Porto Alegre, 2015.

HICKEL, N. *Aprendizagem no Ensino Superior: uma abordagem psicopedagógica.* In: PAVÃO, S.; FIORIN, B.; SILUK, A. Aprendizagem no Ensino Superior. Santa Maria: UFSM, 2013.

HICKEL, N. Prefácio 2. In: FERNÁNDEZ, A. *Os idiomas do aprendente.* Porto Alegre: Artmed, 2001. p. 13-15.

LOWENKRON, A. M. Pesquisa clínica na psicanálise: caminhos. *Jornal de Psicanálise*, v. 39, n. 71, 2006.

MOOJEN, G. *Histórias tatuadas.* Porto Alegre: L&PM, 2000.

PAÍN, S. *En sentido figurado* – fundamentos teóricos de la arteterapia. Buenos Aires: Paidós, 2008.

PAÍN, S. *La estructura estética del pensamiento.* Revista E.Psi.B.A., n. 8, p. 4-15, 1998.

PAÍN, S. *A função da ignorância.* Porto Alegre: Artes Médicas, 1987. v. 1.

PAÍN, S. *Diagnóstico e tratamento dos problemas de aprendizagem.* Porto Alegre: Artes Médicas, 1985.

RODULFO, R. *La constitución del juguete como protoescritura.* Revista E.Psi.B.A., n. 4, p. 11-13, 1996.

SAINT-EXUPERY, A. Caminhantes. *Recanto das Letras*, 2010. Disponível em: https://www.recantodasletras.com.br/pensamentos/2691686. Acesso em: 22 mar. 2021.

SORDI, R. O. *Os materiais da autoria.* In: FONSECA. T.; KIRST, P. Cartografias e devires: a construção do presente. Porto Alegre: UFRGS, 2003. p. 259-272.

SORDI, R. O.; NARDIN, M. H. *Processos de atenção recognitiva e inventiva e suas relações com a aprendizagem.* E.Psi.B.A., n. 12, p. 30-36, 2006.

WINNICOTT, D. *O brincar e a realidade.* Rio de Janeiro: Imago, 1975.

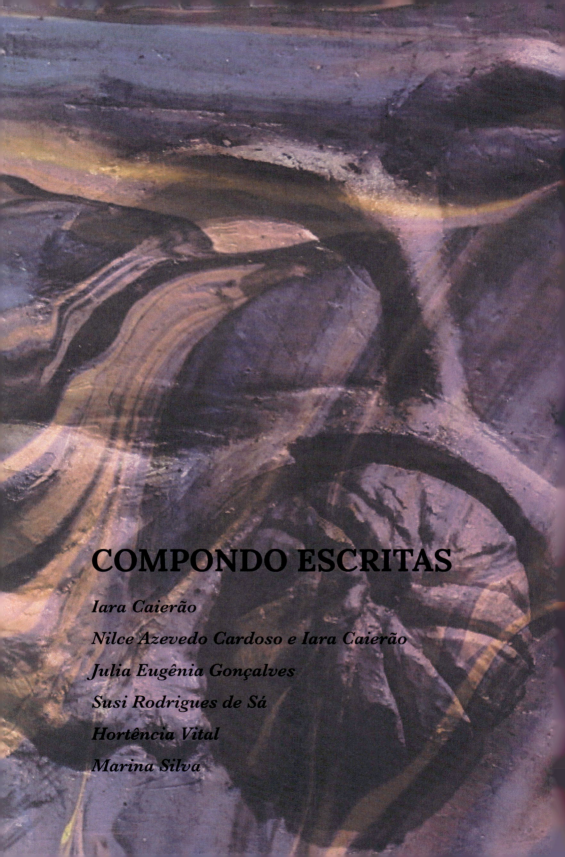

COMPONDO ESCRITAS

Iara Caierão

Nilce Azevedo Cardoso e Iara Caierão

Julia Eugênia Gonçalves

Susi Rodrigues de Sá

Hortência Vital

Marina Silva

Do aprender em Alicia Fernández: Fragmentos de *uma* leitura

Iara Caierão

> *A liberação da inteligência aprisionada, somente poderá dar-se através do encontro com o perdido prazer de aprender. (Alicia Fernández)*

Aprender implica desconstruir certezas

Em diversos momentos e em quase todos os seus escritos, Alicia aborda, direta ou indiretamente e por vezes de diferentes formas, a necessidade da desconstrução de conceitos e preconceitos enraizados que trazemos a respeito do aprender, do não aprender e do modo de conceber o ser humano, em especial, a criança e/ou o adolescente que ainda constituem a maioria das demandas da psicopedagogia.

Entendo o questionamento aqui abordado como um ato de coragem e resistência frente a certa visão em que o paciente é o problema. Coragem porque não se trata de questionar o sujeito com as mesmas e desgastadas perguntas que já carregam em seu bojo as respostas que, em maior ou menor grau, culpabilizam o aprendente, que é tomado geralmente pela falta, pela lacuna e pela fratura. Crenças preestabelecidas assim produzem perguntas superficiais que, muitas vezes, apenas corroboram os conceitos distorcidos, limitantes e limitadores do ser aprendente.

Entretanto, o questionamento proposto é de ordem mais profunda e implica ver o fenômeno do não aprender desde a perspectiva do desconfiar e do duvidar, exorcizando as certezas que nos assombram constantemente. Jorge Gonçalves da Cruz (2021) nos propõe, em aula do curso de Psicopedagogia Clínica (EPsiBA), uma reflexão acerca dos riscos de "iluminar" demasiadamente o fenômeno. E utilizando a metáfora de um refletor sobre uma casa na escuridão de uma floresta, ele pergunta: o que veríamos? A casa e tão somente a casa no limite ofuscante da intensa luz. Mas, na ausência dessa iluminação intensa, nosso olhar sob a luz natural das estrelas vislumbrará sombras, silhuetas, contornos de árvores, espaços e movimentos que compõem aquela floresta.

O iluminar acaba, quase sempre, deixando importantes elementos de fora — de fora da nossa visão — e limitando nossa compreensão, tomando-se, assim, a parte pelo todo. É o que muitas vezes acontece com um olhar que traz consigo as mesmas perguntas sobre o mesmo foco. A coragem de introduzir um "talvez...", um "e se?" ou alguns "que tal?" poderá ampliar o coletivo que já se colocou a caminho dessa direção: não de uma clareira na floresta, mas da "meia-luz", e das sombras que muito revelam a quem está disposto a se surpreender com a potência contida no não aprender. Potência que, muitas vezes, dá-se a ver quando menos se espera, quando se está distraído. Nesse sentido,

> Para estudar a capacidade atencional é preciso fazer uma virada em nosso modo de pensar, *desfocando* nossa atenção dos déficits. Não é possível atribuir deficiência e, menos ainda, tratar de *reparar* aquilo que supostamente está diminuindo sem nos determos na análise de como opera o que se pretende *reparar*. Mais que a hiperatividade de crianças, nos preocupa a hipoatividade pensante, lúdica e criativa.
>
> [...] posso afirmar que a capacidade atencional nasce e nutre-se no espaço transicional da criatividade e do brincar (FERNÁNDEZ, 2012, p. 99-107, grifo nosso).

As palavras acima vão na direção do que Jorge Gonçalves Cruz (2021) aborda na aula inaugural do curso já referido, sobretudo em relação à metáfora da demasiada luminosidade sobre um determinado foco que mais nos distancia do cenário onde a situação — problema de aprendizagem — situa-se. E, assim, fecho essa breve reflexão com palavras que tantas vezes ouvimos da própria Alicia nos encontros de formação e nos cursos, palavras compartilhadas com Paín (1985 *apud* FERNÁNDEZ, 2012, p. 109), ao expressar que "necessitamos estar suficientemente distraídos para nos surpreendermos e suficientemente atentos para não deixar passar a oportunidade".

Para Sordi e De-Nardin (2006 *apud* FERNÁNDEZ, 2012, p. 110, grifo nosso), a atenção é um conceito volátil, como podemos ver em suas palavras:

A atenção sempre conteve dentro de si as condições para sua desintegração e foi assombrada pela possibilidade de seu excesso — situação conhecida por todos sempre que tentamos olhar ou escutar qualquer coisa por muito tempo. *Como é então essa atenção que transborda os limites de si mesma, perde-se do foco, mas ganha em alcance e amplitude?*

Tendo presente essa pergunta que as autoras psicopedagogas colocam-nos, alinhamo-nos a Fernández (2012) quando sugere que o movimento entre distração e atenção é o que permite o aprender, pois é nas fendas da atenção que a distração produz que nossa singularidade se encontra, gerando sentido e abrindo espaço para a alegria da autoria. Considerando que

> [...] la modalidad atencional no es interna ni externa al sujeto, *sino relacional*. Para analizarla necesitamos descentrar nuestra atención del sujeto, ampliar el foco de nuestra mirada para no perder de vista la persona (GONÇALVES DA CRUZ, 2006, p. 25, grifo nosso).

O texto a seguir é um belo exemplo desse espaço da alegria da autoria e, também, da potência da distração.

> Pela impaciência; pela gargalhada; pelo vento que levanta poeira; pelo acaso; pelo agora; pela música e pelo eterno presente dos corpos que dançam; pela desobediência; pelas mãos que desatendem os bolsos; pelas pandorgas; pela sutileza das grosserias que precisam ser ditas; pelo deleite; pelas perguntas incômodas e pelas cômodas... pelo andar errante; pelos encontros fora de hora, os verdadeiros; pela poesia; [...] pelas chamadas imprevistas; pela pele arrepiada; por dizer mais que o necessário; por não desistir; pelos detalhes; pelas cicatrizes; pelo amor... *para que o futuro nos encontre felizmente* **distraídos:** *por isso brindo* (GONÇALVES DA CRUZ, 2012 *apud* FERNÁNDEZ, 2012, p. 108, grifo nosso).

A partir de ambos os textos, somos tomados por um desejo gigante de fazer chegar até as escolas, até os professores e, principalmente, até as crianças a possibilidade da distração lúdica e criativa e, desse modo, nos redimir de certo discurso utilizado para justificar dificuldades de aprendizagens e até mesmo o fracasso escolar. Se, como dizem Sordi e De-Nardin (2006), a atenção traz em sua essência condições para se desintegrar, admite-se pensar na possibilidade de desdobramentos, muitas e diversas dobras. Então, ao contrário de um olhar desviante e, como já ouvimos algumas vezes, "nas nuvens", o olhar do aluno que está distraindo-se pode estar construindo. A potência do distrair e distrair-se constitui um desafio a ser des-coberto, des-vendado, possibilitando vislumbrar, talvez, as demais belezas da floresta que ficaram fora do clarão limitante dos holofotes, como na metáfora criada e compartilhada por Jorge Gonçalves da Cruz na primeira aula do curso.

Ainda sobre o desconstruir

Já no primeiro capítulo de seu livro *A inteligência aprisionada* — referência e fonte quase inesgotável para quem se propõe a fazer uma psicopedagogia centrada, não no problema de aprendizagem, mas no APRENDER —, a autora trata do desconstruir. Desconstruir clichês, desconstruindo certezas pavimentadas ao longo de formações que atribuem à patologia a centralidade dos estudos e dos tratamentos psicopedagógicos.

Para que tais certezas sejam desconstruídas, ou ao menos abaladas, a autora propõe um necessário exercício, o de interrogar e interrogar-se. O interrogar, por mais simples que seja, começa a abrir pequenas brechas nas paredes cimentadas das certezas, que lentamente começam a ruir. Entretanto, essa atitude exige coragem, pois implica colocar-se também em questionamento: como foi e tem sido o meu aprender? Como lidava (lido) ou não lidava (lido) com os meus não aprenderes ontem e hoje? Que sentimentos me habitam ao me deparar com fracassos escolares vivenciados na infância e em outras idades da vida? São alguns dos questionamentos que poderão contribuir para iniciar o processo artesanal de desconstrução.

> Para pensar novas ideias temos que desarmar nossas ideias feitas e misturar as peças, assim como o tipógrafo ver-se-á obrigado a desarmar os clichês, se desejar imprimir um texto num novo idioma. Um dos primeiros clichês de nosso idioma anterior que tivemos que desarmar é o que considerava o diagnóstico e o tratamento como dois momentos não simultâneos. Como se o tempo necessário de observação que deve dar-se o terapeuta ante uma situação recém conhecida por ele, pudesse isolar-se do vínculo transferencial. Confundia-se, assim, uma necessidade do terapeuta com uma necessidade do paciente (FERNÁNDEZ, 1990, p. 23).

Para a autora, não é o paciente que necessita de um diagnóstico; é o terapeuta que precisa fazer a intervenção de maneira que ambos os processos — o diagnóstico e o interventivo — aconteçam conjunta e complementarmente, a ponto de um diagnóstico psicopedagógico trazer importantes informações até mesmo na sessão em que o tratamento se dá por concluído. Nesse sentido, o diagnóstico assume a função de suporte, conferindo segurança como se fosse "a rede para o equilibrista" (FERNÁNDEZ, 1990, p. 24). Suporte, também, encontramos nas bases teóricas apresentadas por Alicia Fernández em seus vários e densos livros, em seus escritos na *Revista EPsiBA* e nos muitos artigos e entrevistas dessa autora que traz uma perspectiva inovadora para o aprender e o não aprender.

Dentre os tantos conceitos que revolucionam o pensar e o fazer psicopedagógico a partir da E.Psi.B.A., a concepção de sujeito dotado de potência de ser e de aprender, independentemente das limitações que esteja vivenciando, destaca-se. Sujeito coprodutor de conhecimentos e com autoria a ser desenvolvida à medida que encontre no espaço psicopedagógico um olhar que o reconheça com potência e que o convoque a desenvolvê-la. Alguém, no caso, o psicopedagogo, que creia firmemente em sua capacidade, respeitando seu modo singular de ser, de aprender e de mostrar o que e como aprende. Eis o que Fernández (1990, p. 26-38, grifo nosso) diz a respeito:

> Pretendemos proporcionar-lhes já desde o diagnóstico, elementos que possam ser processados por ele, considerando-o um sujeito pensante, pois sua inteligência existe, ainda que esteja aprisionada. Podem faltar-lhe conhecimentos, porém, mesmo no maior grau de oligotimia há um saber presente que sustenta o sujeito. [...].

> O organismo alterado provê o terreno no qual se torna mais fácil alojar-se um problema de aprendizagem, *mas não é determinante.* Muitos sujeitos, a partir de organismos deficitários, puderam aprender e até ser brilhantes em suas profissões.

Brincar sempre é aprender.

> O saber se constrói fazendo próprio o conhecimento do outro, e a operação de fazer próprio o conhecimento do outro só se pode fazer jogando (FERNÁNDEZ, 1990, p. 165).

Considerando as palavras referidas, fica ao profissional da psicopedagogia o desafio de, desde logo, construir *com* o aprendente diferentes situações lúdicas em que ele (o aprendente) possa mostrar o seu saber, saber esse sempre presente, embora, oculto ou ocultado. Proporcionar à criança ou adolescente um espaço de criação onde esse sujeito consiga diferenciar-se do aluno que é em sala de aula. Dizer da sua singularidade, do jeito único de ser, de produzir, enfim, de ser de alguma forma, exercer sua autoria, sendo o espaço psicopedagógico um bom lugar para expressar a si e suas ideias, sejam elas em fala, desenho, ou outras formas lúdicas.

Nessa direção, Fernández (2001) sinaliza o brincar (verbo no infinitivo) como fonte de autoria e liberdade, sinalização que também é feita por Winnicott (1975, p. 79-80):

> [...] é no brincar, e talvez apenas no brincar, que a criança ou adulto fruem sua liberdade de criação. [...] a presença de duas áreas lúdicas: a do paciente e do terapeuta. Se o terapeuta não consegue brincar, então ele não está adequado ao trabalho. Se é o paciente que não pode, então algo deve ser feito para ajudá-lo a ser capaz de brincar.

Portanto, ambos os autores enfatizam que o lúdico deverá ser a tônica do tratamento que implica, necessariamente, terapeuta e paciente — no nosso caso, aprendente. Encharcar-se da ludicidade, estando disponível para o brincar, independentemente de materiais; brincar em toda a magia que lhe é própria.

O brincar, portanto, é um espaço de ninguém! De ninguém e de todos os que desejam brincar! Leis efêmeras, escudos de papel. Anel que derrete e coroa de rainha que se pode comer. Espaço de ninguém porque de espaço não precisam aqueles que querem mesmo brincar! Espaço de viver e de ser, onde a alegria e a autoria são anfitriãs.

Fernández (1990, 2001) e Paín (1985) tratam o brincar como potência de ser e do aprender, sendo que o brincar e o aprender apresentam estruturas e dinâmicas similares. E para melhor compreender os processos do aprender, convém compreender o jeito particular do brincar do aprendente, pois "o saber se constrói fazendo próprio o conhecimento do outro, e a operação de fazer próprio o conhecimento do outro só se pode fazer jogando" (FERNÁNDEZ, 1990, p. 165).

Nesse contexto de fazer próprio o conhecimento do outro, em que a força do desejo é determinante para o aprender e o desejo de ensinar faz par com o desejo de aprender, Alicia nos propôs, no espaço acolhedor da E.Psi.B.A., que escrevêssemos algo sobre esse tema, mas que essa escrita brotasse de um diálogo profundo conosco mesmas. E foi assim que nasceram as palavras abaixo, que antes de aqui estarem rodopiaram em todo o meu ser, buscando o melhor lugar para de si falar.

Sob o teu olhar eu me constituí, me descobri, me fiz humano.

Sob teu olhar desejante, também desejei. Signifiquei a mim e o meu viver.

Com o teu olhar me nutri, me alimentei e em teu rosto-espelho

me conheci e me (re)conheci.

Deste-me um nome, um lugar e, também, um desejo; que é teu e meu também.

Desejar ser desejado, lição primeira de quem há de ser.

Marcaste minha vida com teu olhar: olhar criador, que sustenta e dá coragem,

instiga, pulsiona e faz o humano viver.

[...] mais tarde na escola, em pleno aprender, de quem é o desejo que estás a viver?

(CAIERÃO, 1997)

Fragmentos de *um* caminhar: Do meu encontro com Alicia

Foi Neusa, a nossa tão cara Neusa Hickel cujo desejo de aprender transborda seu ser e alcança as pessoas que também desejam abraçar esse caminho que me aproximou de Alicia e do E.Psi.B.A..

Era uma tarde fria e chuvosa em Porto Alegre. Quatro horas de viagem haviam precedido aquele encontro com alguém que eu não conhecia até então. Eu não buscava uma pessoa, buscava um Curso, não qualquer Curso, mas um Curso especial que respondesse a uma pergunta que há muito me inquietava: *Como ajudar crianças que, mesmo inteligentes, fracassavam na escola.*

Tudo o que eu tinha de informação era o endereço do GEEMPA, onde o táxi me deixou. *Já que aqui estou, vou apertar a campainha*, pensava eu. Mas, por momentos, também pensei, que poderia ter feito uma cansativa viagem inutilmente.

Eis que alguém me recebe com um sorriso tão acolhedor que, naquele exato momento, sem nada dela ouvir, tive a certeza de que ali encontraria algum eco para a questão que até lá me levara.

Convida-me a sentar junto à mesa e alcança-me um chimarrão "caliente" que aqueceu o corpo e a alma.

Um chimarrão e uma escuta! Uma escuta que acalma e, ao mesmo tempo, convida a dizer algo sobre o turbilhão de ideias que me habitavam naquele momento. Uma escuta que me levava a, também eu, escutar a mim e todo o meu ser. Foi a primeira escuta psicopedagógica que tive, antes de conhecer Alicia.

Desde então, o silêncio passou a ser eloquente e vivificador. Não o silêncio, mas o silenciar da aprendensinante Neusa Hickel, que possibilitou a me conectar com a modalidade de aprendizagem que havia vivenciado na escola cujo saber concentrava-se exclusivamente na pessoa do professor e que a pergunta e o perguntar não tinham espaço, além de ser indício de ignorância.

Hoje, percebo que, naquela tarde, experimentei os fundamentos da Psicopedagogia Clínica, pois os silêncios não foram preenchidos com respostas prontas; que me foi oportunizado tempo para pensar; para me conectar com o meu aprender e com a potência nele engendrada. Hoje Olho para aquela cena com emoção, pois não me foi dada uma aula sobre a Psicopedagogia, mas me possibilidade vivê-la.

Assim, pelas mãos de Neusa Hickel, encontro Alicia Fernández, encontro o E.Psi.B.A., encontro pessoas de todo o Brasil que, como eu lá estavam para um longo, mas encantador percurso de conhecer-compreender a potência do aprendente, conhecendo, também, o nosso aprender.

Era o ano de 1994. E, desde então, sigo os "senderos" que descobri com Neusa Hickel, Alicia Fernández e Jorge Gonçalves da Cruz. "Senderos" apagam-se se não alimentados, por isso, venho nutrindo-os, por vezes, com perguntas, por vezes com silêncios e, por vezes, com a potência da distração que nos surpreende, porque ocultam importantes aprendizagens.

Retornando em abril de 2021 ao Espaço Psicopedagógico Buenos Aires com muita alegria e questões, embora não as mesmas. Retorno desde outro lugar e com uma presença, que não é distanciamento, embora sendo virtual, levando comigo muitas aprendizagens construídas nessas décadas que se passaram. As certezas, se haviam, esvaíram-se nesse tempo agudo de reinvenção.

Gratidão aos meus aprendensinantes, a todos eles! Os que compartilharam/ compartilham o "brincar-aprender" em meu espaço psicopedagógico, aos que compartilharam o espaço acadêmico nas várias universidades em que lecionei (RS e SC) e divulguei uma psicopedagogia marcada pela possibilidade e não pela falta, e aos colegas aprendentes, que como eu, sentiram-se "em casa" no E.Psi.B.A..

El triunfo de deseo consiste en continuar sosteniendo — y sosteniéndonos — en el desear.

Que el 2000 nos permita

seguir abriendo algunos senderos de deseos

en territorios de autorias.

Hagamos de nuestros sueños

textos visibles

para que vayan ganando la consistencia de lo posible"

(Alicia Fernández e Jorge Gonçalves da Cruz)

Referências

FERNÁNDEZ, Alicia. *A inteligência aprisionada*. Abordagem psicopedagógica clínica da criança e sua família. Porto Alegre: Artes Médicas, 1990.

FERNÁNDEZ, Alicia. *Psicopedagogia em Psicodrama*: morando no brincar. Petrópolis: Vozes, 2001.

FERNÁNDEZ, Alicia. *A atenção aprisionada*. Psicopedagogia da capacidade atencional. Porto Alegre: Penso 2012.

GONÇALVES DA CRUZ, Jorge. Fala proferida em aula do curso Psicopedagogia Clínica, *E.Psi.B.A.*, 7 abr. 2021.

GONÇALVES DA CRUZ, Maria Sol. *El potencial transformador de la desatención*. Revista E.Psi.B.A., Buenos Aires, n. 12, 2006.

PAÍN, Sara. *Diagnóstico e tratamento dos problemas de aprendizagem*. Porto Alegre: Artes Médicas, 1985.

SORDI, R.; DE-NARDIN, M. H. Processos de atenção recognitiva e inventiva e suas relações com a aprendizagem. Revista E.Psi.B.A., Buenos Aires, n. 12, 2006.

WINNICOTT, D. *O brincar e a realidade*. Rio de Janeiro: Imago Editora, 1975.

Uma cena, um aprender, diferentes signos...

Nilce Azevedo Cardoso e Iara Caierão

Nilce Azevedo Cardoso contextualiza:

> *Quando fui encaminhada para Alicia Fernández, eu tinha saído da prisão e estava amnésica, precisando definir minha identidade. Tinha ficado cinco anos clandestina trabalhando com as operárias como educadora social, nas fábricas, primeiro no ABC paulista e depois em Porto Alegre. Minha formação acadêmica foi na Física da USP. Fazendo militância clandestina usei muitos nomes. Com as inimagináveis torturas que me levaram ao coma, ficaram muitas sequelas físicas e psíquicas. Quando sai, logo voltei a trabalhar como professora de física, tendo que estudar muito, pois havia ficado muito longe dos conteúdos que teria que trabalhar, conteúdos de física e matemática. Deparei com as dificuldades de aprendizagens, as minhas e de alunos. Conheci Sara Paín e tendo que trabalhar meus esquecimentos, soube que em Buenos Aires, havia uma psicopedagoga, Alicia Fernández que trabalhava com sua equipe, com crianças com dificuldades de aprendizagem.*

O recorte que farei diz sobre meus sentimentos ao fazer a primeira vivência em psicodrama, que veio a me trazer a vida e me encantar com esta grande mulher e psicopedagoga clínica.

> *Alicia é viva para mim, Alicia me ensinou a viver, Alicia teve a sensibilidade de trazer a vida. Neste momento eu gostaria de lembrar como foi este momento de encontro com uma solução de um trauma: Eu estava fazendo curso com ela, quando ela veio aqui ao Brasil e era um psicodrama em que ela disse: "vocês agora vão fazer uma viagem, tem um senhor ali que pegará o nome de vocês, dêem o seu nome e nós partiremos". Então, todos já fizeram a fila e, cada uma foi dando o seu nome e entrando no barco, eu fui em direção contrária no sentido de um cantinho, agachei e fiquei em posição fetal ali abixadinha, abaixadinha, quando senti a presença da Alicia ao meu lado que dizia, "Nilce, vocês têm um nome, e repetia, Nilce você tem um nome dado pelos seus pais Nilce Azevedo Cardoso". E ficou repetindo com toda esta sensibilidade própria de Alicia Fernandes até que eu fui me levantando, fui para fila, dei meu nome. Foi assim que comecei, voltei a vida, com meu nome.*

A cena relatada pela colega Nilce Azevedo Cardoso em tempo-espaço terapêutico com Alicia Fernández situa-se no campo psicodramático com a singularidade que essa autora atribui ao mesmo. Uma das marcas dessa singularidade é a íntima ligação entre o jogar-brincar e a autoria, pois

> [...] jogar-brincar é necessário para pensar com autoria, para poder manter nossos sonhos, para recordar o esquecido, para suportar, e, até mesmo, superar muitos de nossos sofrimentos (FERNÁNDEZ, 2001, p. 17).

Sómente após essa pontual e afetuosa intervenção de Alicia, Nilce pode retomar à cena psicodramática e juntando-se aos demais participantes que um a um diziam seus nomes para que fossem registrados na lista. Agora, já em pé, com o andar mais firme, junta-se ao grupo e vai, ela também, dar seu nome para ser ncluido com os demais.

> A espacialização produz espaços, fronteiras, que ajudam a diferenciar-se do drama, e permite que o participante se constitua em autor da própria recordação e possa ir construindo um passado para si e reconhecendo-se nele (FERNÁNDEZ, 2001, p. 45).

Para Gonçalves da Cruz, (*apud* FERNÁNDEZ, 2001, p. 46) os obstáculos fazem parte da vida e, diante deles temos duas possibilidades que são transformá-los em empecilhos ou em oportunidade de autoria. Autoria essa que, pela dramatização possibilita e ajuda simultaneamente ao sujeito reconhecer as tramas do passado que se impõem e potencializam sofrimentos do presente. Nesse sentido, as situações não elaboradas no passado, ao fazerem-se cenas, perdem sua força patógena e, na maioria das vezes, trocam seu valor negativo por um valor positivo, transformando-se em "potência criativa".

> O espaço terapêutico em psicopedagogia tem o psicodrama como dispositivo operacional; é a insistência de certas experiências que convoca a essas histórias tornarem-se testemunhos, através daqueles que viveram algo em grupos terapêuticos psicopedagógicos (HICKEL, 2014, p. 185).

A insistência de certas experiências dizerem de si, mostrarem-se por inteiras, darem-se a ver na sua nudez e crueza vai na direção do que Fernández (2001) apresenta em teoria e prática sobre o psicodrama em psicopedagogia. Sendo ele, pois uma potência recordativa, uma potência evocadora, rica para o trabalho psicopedagógico. "Potência essa que é, simultaneamente, uma potência reconstrutiva e uma potência construtora de autoria de pensamento (p. 48)".

"Você tem um nome! O nome que foi dado por seus pais!" pronunciado por Alicia, mais que um convite, é um "convocar", foi um chamado de pertencimento, um chamado à autoria, um renascer que, possibilitado pela cena psicodramática busca, "não a catarse ou o simples alívio de alguma tensão, mas a ressignificação" (FERNÁNDEZ, 2001, p. 88), mas, a conexão com sua potência de ser. O nome carrega em si a potência do viver. Ter um nome é saber-se reconhecido não somente pelos pais que nos delegaram, mas inscrever-se na história a partir da desconstrução--construção-reconstrução de sua própria história.

Assim, a afirmação *"Alicia trouxe-me à vida"* insere-se no campo conceitual, dentre outros, da "construção de um passado" referido em vários de seus livros e trabalhado por Alicia Fernández, de modo especial nos Grupos Didáticos nos quais tivemos o privilégio de participar. Ao se construir um passado, Nilce constrói, igualmente, um presente e um futuro que emergem daquele corpo não mais agachadinho, mas rumo à construção de sua autoria perdida ou roubada.

Para Hickel (2014)

> [...] o não aprender guarda em si uma potência que sempre está inserida em um campo de significações e é, sempre, produtor de sentidos e tudo o que nos mostra são seus signos, cabendo a busca de elucidação, mediada pela escuta e pelo olhar (p. 12)

Igualmente, as cenas vivenciadas em psicodrama podem ser elucidadas, sobretudo, pelo seu autor, de diferentes modos, pro-vocando, dando voz à construção de um passado cujo campo de significações é sempre passível de desconstrução e reinterpretações.

Nesse cenário, cabem as palavras produtoras de sentido de que seguem:

> Eu tenho uma espécie de dever, dever de sonhar, de sonhar sempre, pois sendo mais do que um espectador de mim mesmo, eu tenho que ter o melhor espetáculo que posso. E, assim, me construo a ouro e sedas, em salas supostas, invento palco, cenário para viver

o meu sonho entre luzes brandas e músicas invisíveis (PESSOA, 1982, p. 16).

Construir-se um passado, portanto, não se insere na perspectiva da negação ou na construção de novas e efêmeras texturas mas, poder habitar esse passado com toda a potência que o viver-aprender possibilita.

Referências

FERNÁNDEZ, Alicia. *Psicopedagogia em Psicodrama*. Morando no brincar. Petrópolis: Vozes, 2001.

HICKEL, Neusa Kern; Prefácio. MILMANN, Elaine. *Poética do letramento*. Escrita, corpo linguagem. São Paulo: Editora Kazuá, 2014.

HICKEL, Neusa Kern; FONSECA, Tania. *Clínica dos restos – aprender como testemunho*. In: FONSECA, Tania Mara Galli et al. Testemunhos da infâmia. Rumores do arquivo. Porto Alegre: Sulina, 2014.

PESSOA, Fernando. *O livro do desassossego*. Lisboa: Luso Livros, 1982.

Brincando encontrei caminhos de autorias: "arteira" ou artista?

Susi Rodrigues de Sá

O presente texto narra um encontro, um processo criativo, uma história de vida, o aprender sobre uma profissão e uma prática psicopedagógica ao longo de 25 anos. Ele surge de leituras, reflexões, intervenções e memórias de aprendizagem com Alicia Fernández no meu caminhar, no meu fazer psicopedagógico e no meu brincar "arteiro".

Muitas passagens contidas nessa escrita, correspondem a um novo olhar sobre textos já escritos por mim.

Meu primeiro contato "olho no olho" com Alicia aconteceu no final de uma palestra onde ela falava do seu primeiro livro: *A Inteligência Aprisionada*. Era inverno e, aqui no sul do Brasil, em Porto Alegre, fazia muito frio. No auditório daquela universidade reuniam-se professores, fonoaudiólogos, psicólogos, estudantes e eu: professora e psicopedagoga recém-formada. Apesar do frio intenso meu coração estava aquecido, batia forte, cheio de alegria ao ver Alicia, "pequeninha", na minha visão, (eu estava bem no fundão da plateia e a via de muito longe), porém, sua voz suave, pausada e rica nos detalhes do que descrevia, me fazia chegar bem pertinho dela. Envolvida pelo tema da palestra, meu pensamento voa... Quando dei por mim, a palestra havia terminado, estava na sua frente, e ela perguntou-me:

— Como te chamas?

— Susi — respondi.

Ela pegou o livro que tinha em minhas mãos e escreveu a seguinte dedicatória, aqui em livre tradução: "Com muitíssimo afeto, para Susi, a quem conheci e pude saber de sua energia de vida e sua coragem de mostrar-se".

Com coração em "chamas" de emoção e alegria, percebi naquele momento minha identidade como psicopedagoga, ensinante e aprendente da história que venho construindo ao longo da vida. Havia eu concluído a especialização em Psicopedagogia, em março do ano de 1995.

Em novembro do ano anterior, tinha dado à luz meu primeiro filho, tinha sido convidada para compor um centro clínico com um grupo de profissionais, (psicóloga, fonoaudióloga e pediatras). Estava muito feliz!

Pensando na modalidade de aprendizagem, guardar informações a respeito do lido (A Inteligência Aprisionada) e a coragem de mostrar-me à Alicia naquele evento, possibilitou-me ressignificar as palavras ditas no momento em que nos vimos "cara a cara", "olho no olho". Palavras que ecoaram, e ainda hoje ecoam em mim nas aprendizagens cotidianas em casa com minha família, na escola com alunos, no consultório com meus atendidos e em meu processo criativo com cerâmica e pintura.

Hoje, depois de tantas leituras e intervenções *alicianas* em meu fazer, posso dizer que percebo, em minha modalidade de aprendizagem, aqueles aspectos que se aproximam e se misturam entre lembrar, guardar, mostrar, ressignificar, propiciar, aprender e criar.

Passados alguns anos encontramo-nos "de novo" e como dizia Alicia, esse "de novo", sugere uma nova possibilidade de aprender, de criar sentidos, sentindo novas e inéditas sensações de autorias do encontra-se novamente. No espaço-tempo de 2000 a 2003, tive uma filha e escrevi uma dissertação de mestrado. Agora éramos quatro pessoas compondo a família. Foi um tempo onde os espaços modificaram-se e o tempo pareceu menor para tantos "fazeres". Com marido músico e constantemente viajando em função do seu trabalho, sentia-me cansada, um tanto *atrapada* com esse "novo" que as construções e opções tomadas por mim trouxeram... Faço aqui alusão ao livro *A Mulher Escondida na Professora: Uma leitura psicopedagógica do ser mulher, da corporalidade e da aprendizagem*, no qual Alicia fala sobre o lugar do conhecimento na constituição da maternidade e da paternidade:

> O homem necessita da informação transmitida pela cultura para conhecer a sua possibilidade de gerar e necessita também confiar na palavra de sua mulher para conhecer que esse filho é seu... Psicologicamente, tanto o pai como a mãe têm que realizar um movimento de doação para dar a essa criança o lugar de "seu filho"..., o papel do conhecimento na constituição da paternidade e da maternidade é diferente. A mulher duplamente ensinante, comprova com o conhecimento o que já sabe. O homem duplamente aprendente comprova com o saber, o que o conhecimento lhe outorga. (FERNÁNDEZ, 1994, p. 22)

Alicia disse-me que "não deveria ser psicopedagoga da família" e escreve na dedicatória do livro *O Saber em Jogo* (2001): "Para a querida Susi que tem a coragem de recuperar as esperanças", aqui em livre tradução.

No mesmo dia, nesse "encontrar-se", em "Os Idiomas do Aprendente", encontramo-nos, pensando e falando sobre o tempo em que estive organizando novas escritas, novos tempos, novos espaços para "traduzir" e compor as aprendizagens desse período. Ela, então, escreve e transponho em livre tradução: "Para a querida Susi que sabe e pode manter-se por meses, anos o desejo de florescer.".

Com o tema "O sujeito como autor autobiógrafo", Alicia traz uma poesia de Borges, onde ele fala que o "tempo está fora de juízo" (FERNÁNDEZ, p. 67). Assim, pude pensar no tempo do tempo que eu tanto precisei para dar conta das atividades familiares e acadêmicas. Foram alguns anos que eu precisei manter-me produtiva e, ao meu tempo, "florescer", como afirmou Alicia para mim. Como autora e biógrafa da minha história, fui apropriando-me de algumas de suas falas quando ela diz que:

> [...] aprender supõe um reconhecimento da passagem do tempo do processo construtivo, o qual remete, necessariamente à autoria... aprender supõe, além disso, um sujeito que se história. Historiar-se é quase sinônimo de aprender [...]. (FERNÁNDEZ, 2001, p. 68).

No prefácio do livro de minha autoria, Alicia menciona:

> A obra de Susi Rodrigues de Sá nos permite reconhecer o valor do brincar e da arte no aprender e na abertura de espaço no qual o aprender se torna possível. Este é um dos valores da obra — ao tempo em que o brincar e a arte perderam seu fecundo sentido, transformando-se, quase, em seu contrário, como, por exemplo, ao serem utilizados para dizer: não estou brincando ou essa criança faz muita arte. De tal modo, a arte e o brincar parecem que incomodam à solenidade inibitória de muitos adultos. A presente obra permite-nos reconhecer o valor do brincar e da arte no aprender. (SÁ, 2009, p 11-12)

A citação remete-me à palavra "arteira" como a criança que incomoda, faz arte no sentido de atrapalhar, trazer problemas... Assim, fui compreendendo que de "arteira" passei a ser uma psicopedagoga "artista", onde brincando encontrei caminhos de autoria. Lembro-me ainda, da dedicatória, aqui em livre tradução, que Alicia escreveu no livro *Psicopedagogia em Psicodrama*: "Para querida Susi que sabe e pode fazer do 'brincar' possibilidade de se aprender.".

Nesse convívio compreendo como Alicia foi uma contadora de histórias, narradora de escutas psicopedagógicas da vida cotidiana. Em certa conferência ela mencionou a história de um velhinho que aqui reproduzo apoiada na gravação desse evento (2008). O velhinho estava sentado perto da porta de saída de um hospital público em Buenos Aires. Ela passava pelo corredor a caminho de uma sala onde recebia seus atendidos e "olhou" para ele, ali sentadinho esperando voltar para casa após um longo período em coma, na UTI.

Alicia aproxima-se dele e pergunta?

— O que fez o senhor sair do coma?

— O que pensavas quando estava inconsciente na UTI?

O velhinho pergunta à Alicia:

— Você "tem tempo" para me "escutar"?

— Sim, sim — responde Alicia.

Então o velhinho responde que escutava tudo, mas que não podia falar, nem se mexer e que se lembrou da professora Terezinha.

— Mas porque se lembrou da professora Terezinha, pergunta Alicia?

— Lembrei da professora Terezinha porque foi ela a primeira a dizer que eu podia aprender, que eu era capaz de saber muitas coisas e que eu era forte para superar obstáculos, então me lembrei dela... Eu já tinha passado pela professora A. Que disse que eu não ia aprender e chamou minha mãe. Minha mãe me tirou da escola já que eu não poderia aprender..., mas eu queria muito aprender e voltei no ano seguinte com a professora B. Ela também não acreditou em mim e disse que eu não poderia aprender. Novamente minha mãe me tirou da escola. Mas eu consegui voltar no outro ano e encontrei a professora Terezinha que entendeu meu jeito de aprender e disse que eu poderia "saber". Então eu aprendi... Por isso me lembrei dela na UTI. Ela me disse que eu iria aprender e hoje, mais de 80 anos depois, ela vive em mim, "olha" para mim e me fez sair do coma. Talvez ela não viva mais. "Talvez ela nunca tenha sabido o quanto foi importante para mim, mas eu aprendi por que ela acreditou em mim, sai da UTI porque aprendi e acreditei em mim, tive forças para aprender a voltar a viver".

Em outro lugar de escuta, em um lugar "entre" o tempo da infância e o tempo do amadurecimento, de descoberta, de novas possibilidades de aprendizagem, no Grupo Didático Terapêutico, sob a orientação de Alicia emerge uma narrativa pessoal. A consigna era sentar em um canto da sala, acomodar-se bem quietinha e lembrar-se de uma situação de aprendizagem na infância, de uma professora, talvez? E assim como o velhinho que saiu do coma, lembrei-me da professora Vanda, que me ensinou a aprender a ler e aprender a escrever, colocando, sempre no início do dia, um anjinho carimbado no canto da folha...

Fui lembrando as cenas que vivi aos 7 anos de idade, lembrando o rosto da professora, do local e do "lugar" dessas aprendizagens em minha vida. Após esse momento de reflexão e contato íntimo com a "minha criança", pude relatar ao grupo, minhas primeiras aprendizagens no ensino fundamental e narrei a história publicada dois anos depois no livro *O Atelier Psicopedagógico: pensamento criativo no jogo psicopedagógico*, chamada *Uma História Clínica: a princesinha do vô e suas adaptações curriculares* (SÀ, 2009, p. 51-56).

Trago agora trechos dessa narrativa psicopedagógica, conduzida através do olhar de Alicia, na qual me foi possível "des-cobrir" os véus que encobriam minhas autorias. O início dessa história clínica posiciona o leitor em um período de espaço e tempo no qual ocorreu a sessão terapêutica, onde a consigna de Alicia era "olhar de novo" para o passado e para a criança que um dia eu fui.

> Lucita era uma menina de 5 anos de idade que gostava de brincar de bonecas, de fazer casinha e comidinhas para alimentar suas "filhas". Corria pelos campos e brincava de esconde-esconde com suas irmãzinhas menores e com seu primo. Tomavam banho de rio, faziam pescarias e comiam frutos do pomar onde brincavam e, depois, descansavam. (SÀ, 2009, p. 51)

O tempo foi passando, a menina crescendo, fazendo descobertas, afastando-se do ambiente familiar para, aos poucos, colocar-se no mundo. Sendo assim:

Quando completou 6 anos, foi matriculada no jardim de infância de um grupo escolar da rede pública e teve seus primeiros contatos com a escolaridade. Não conhecia nem o "A", nem o "B", mas desejava muito ler e escrever. Desde os 5 anos, frequentava o Instituto de Belas Artes da cidade, onde recebia aulas de poesia que eram lidas por sua mãe e decoradas por Lucita que, apesar de não saber ler, sentia uma identificação com aquela forma de conhecer o mundo. A poesia mais lembrada pela menina era *A bailarina,* de Cecília Meireles.[17]

O fazer criativo e poético sempre fez parte da vida cotidiana de Lucita. Sua família mantinha contato com diversas formas de arte e ela compartilhava desses saberes artísticos desde muito cedo. Sua avó materna tocava violino, era professora de artes plásticas e culinária, sua tia avó era bailarina e sua mãe, além de professora também declamava poesias gauchescas e tocava acordeom. Viviam entre a escola e o conservatório de artes, por isso essas aprendizagens eram divertidas para todos. Lucita era a primeira filha e neta da família, mimada por todos e chamada de "princesinha do vô" pelo avô paterno. A harmonia no ambiente familiar não era o mesmo no ambiente escolar, pois Lucita tinha posicionamento firmes e não "levava desaforo para casa". Brincava no recreio da escola quando necessário brigava! Chegava em casa triste porque seus colegas diziam que ela não reconhecia as letras, não sabia ler nem escrever e além do mais, escrevia com a mão "errada" era canhota, e isso não era comum, pois todos na sala escreviam com a mão direita.

    Seu avô recebia-a da escola e dizia:

    — Calma, Lucita!

    — O vô também escreve com a mão esquerda. Isso não é defeito, só é diferente! Não liga para isso, vai para a escola e aprende tudo o que a professora ensina! Na minha época, elas não me deixavam escrever com a mão esquerda. Até amarravam minha mão para

---

[17] A bailarina. Esta menina tão pequenina / quer ser bailarina./Não conhece nem dó, nem ré /mas sabe ficar na ponte do pé. /Não conhece nem mi nem lá, mas inclina o corpo para cá e para lá. / Não conhece nem lá nem si, mas fecha os olhos e sorri. / Roda, roda, roda com bracinhos no are não fica tonta nem sai do lugar. Põe no cabelo uma estrela e um véu / E diz que caiu do céu. / Esta menina tão pequenina quer ser bailarina. (MEIRELES, 1981, p. 72)

que eu não escrevesse com ela. Passei a usar a mão direita, mas demorei muito para escrever.

— Tu és a princesinha do vô e ninguém vai te amarrar para aprenderes a escrever. Fica tranquila que tudo vai dar certo.

E como a bailarina, Lucita foi aprendendo a escrever, equilibrando o lápis na mão, "inclinando o corpo para lá e para cá", fechando os olhos para aquilo que lhe fazia mal ou aquilo que não podia entender e foi aprendendo a aprender. Contudo, foi rodando, rodando e não saia do lugar. Chegou o final do ano e a professora do jardim contou para a mãe de Lucita que ela estava fraca na escola, ainda não sabia ler, nem escrever, sua letra era muito feia, era muito imatura, "bobinha" mesmo. Não poderia avançar para a 1ª série, necessitava ficar mais tempo no jardim do "Estrela" (esse era o nome do grupo escolar que Lucita frequentava).

Sua mãe disse:

— Imagina só! Lucita não está bem na escola! Pensam que ela é "burra", não poderá avançar para a 1ª série. No "Estrela" querem colocar-lhe um véu! A professora disse que ela não aprendeu que não cresceu, nem o lápis consegue pegar com a mão certa. (SÁ, 2009, 52-53)

Por ser membro de uma família de professores e artistas, de pessoas que questionavam o regime político da época, as várias formas de opressão e discriminação vigentes no final dos anos sessenta e que, infelizmente perduram, por longos 21 anos de ditadura militar aqui no Brasil, seus pais resolvem não volta para o grupo escolar. Lucita passa a frequentar a casa da Vanda, uma professora particular que atende alunos com dificuldades escolares e trabalha com eles naquilo que precisam. São atendidos em suas necessidades e, posteriormente, são encaminhados para as escolas, em condições de acompanharem os conteúdos escolares como se estivessem desde o início do ano com a turma.

No início da aula, Vanda colocava um carimbo de anjinho bem no alto da folha. Lucita agora se sentia bem e não era apenas a princesinha do vô, era também o anjo Vanda.

Esse clima de confiança e afetividade permitiu o amadurecimento e o desenvolvimento intelectual de Lucita que, pode superar as dificuldades de leitura, de escrita, conhecimento lógico matemático e sócio afetivo. Essa narrativa descreve um movimento de adaptação curricular no qual Lucita e sua família puderam reagir ao "fracasso" da menina e questionar a fala da escola, ao mesmo tempo que foram capazes de arriscar em uma educação diferente da estabelecida pela instituição escolar. (SÁ, 2009, p. 54)

Os movimentos de ir e vir, pensar e falar, agir e refletir, possibilitaram um espaço de aprendizagem tanto cognitiva quanto afetiva, permitindo que a menina pudesse aceitar que era igual aos outros colegas, pois escrevia do seu jeito, de um jeito diferente como explica a fala do avô da menina. "Apesar das suas dificuldades, foi capaz de aprender sem ficar amarrada, pôde evoluir sem perder tempo, sem demora, mas aceitando as diferenças como um caminho, um tempo de aprender para tornar a crescer." (SÁ, 2009, p. 54).

Essa história clínica traz elementos significativos de uma construção psíquica onde apresento "Lucita" como a menina Susi que fui. Aqui, é possível perceber o quanto as situações de vida em família e escolar podem proporcionar-nos várias leituras e tipos de aprendizagens. Se, por um lado, elas podem embotar-nos, tornar-nos prisioneiros de um sistema, por outro, podem fazer-nos crescer, aprender e evoluir.

Finalizando a narrativa dessa história clínica trago a seguinte fala:

> Quando falo em adaptações curriculares, não penso apenas no currículo escolar onde há um conjunto de normas e leis a cumprir em detrimento da aprendizagem formal. Penso também na conduta da família em aceitar ou não as imposições da escola como sendo a única instituição com poder de decisão sobre a aprendizagem das crianças. É preciso estar atento para poder atender àqueles com quem trabalhamos. Um gesto, uma palavra de carinho, de credibilidade, um incentivo que valha como alternativa para melhorar as condições de aprendizagem, seja dos nossos filhos, dos nossos netos, dos alunos ou dos nossos atendidos em consultório. (SÁ, 2009, p. 55)

Partindo da ideia de adaptações curriculares, baseadas em pesquisas relativas a melhorar as condições de aprendizagem de pessoas que necessitam um atendimento individualizado, seja por necessidade física, cognitiva ou emocional entre outras faço a seguinte citação:

> O trabalho realizado no atelier psicopedagógico veio nos mostrar que se pode chegar a um objetivo de aquisição a leitura, da escrita, do conhecimento lógico-matemático, de uma postura mais tranquila em relação à organização da vida diária, dos trabalhos escolares e de um rendimento escolar que dê conta dos conceitos necessários para aprovação institucional. Esse trabalho consiste em uma adaptação curricular que pode vir a contribuir tanto na sala de aula como no trabalho clínico em consultório. (SÁ, 2009, p. 56)

No caso da minha história clínica, as contribuições foram além da sala de aula e terapia pessoal. Através da memória e das aprendizagens significativas construídas com auxílio da família, dos professores que tive, terapeutas que trabalharam comigo, pude autorizar-me a escrever, a pensar e a trabalhar, encarando as situações como se estivesse no lugar do outro para constituir-me sujeito e autora das próprias aprendizagens. Nesse sentido Alicia foi muito importante para meu desenvolvimento e generosamente escreveu no prefácio do livro de minha autoria : "Quando mergulhamos em nosso passado, com olhar artístico podemos recuperar as "Lucitas" — tal como relata Susi — que nos habitam e ir com nossas crianças internas pela mão ao encontro daqueles a quem atendemos." (SÁ, 2009, p. 11-12).

> Concomitante à minha formação pela E. Psi.BA., escrevia um livro e desenvolvia meu processo criativo nas artes plásticas. Os processos caminhavam juntos, parecendo que um dependia do outro, me conduzindo para a abertura de muitos canais de expressão, tal como dizem Papalia e Olds: "[...] criatividade como a capacidade de ver as coisas de maneira nova — de produzir algo nunca visto antes ou discernir problemas que os outros não conseguem reconhecer e descobrir soluções novas e incomuns." (200, p. 277)

Quando comecei a trabalhar com crianças com necessidades educacionais especiais, pensava em como desenvolver meu processo criativo e encontrar alternativas de melhorar as condições de aprendizagens dos meus atendidos, proporcionar-lhes um ambiente harmonioso para trabalhar suas potencialidades criativas. Nesse sentido, de acordo com Winnicott, "[...] nossa teoria inclui a crença de que viver criativamente constitui um estado saudável... Viver de maneira criativa ou viver de maneira não criativa constituem alternativas que podem ser nitidamente contrastadas." (1971, p. 95).

Pensei em desenvolver minhas "capacidades" para encontrar uma maneira nova de resolver os "problemas" que começavam a surgir. E, antes que eles cristalizassem, "fui forçada", pelas necessidades especiais da situação, a ter "criatividade".

Quando comecei a trabalhar em uma escola particular como professora de crianças com NEES, também iniciei um curso de pintura no Atelier Livre da Prefeitura de Porto Alegre. Nessa época, já pensava em uma forma diferenciada de trabalhar com crianças "especiais". Voltemos às características do curso no Atelier Livre. Era um curso intensivo de férias de verão com duração de duas semanas. Eu, como os demais alunos do curso, buscava o prazer de pintar um quadro. Porém, minha condição enquanto artista em relação aos demais não era muito boa. Sabia que gostava de pintar, mas nunca havia entrado num atelier de pintura como artista, só tinha permissão de frequentar o atelier de pintura da minha avó se fosse acompanhada dela e com a condição de não mexer em nada. Adorava entrar lá, mesmo sob essas condições, observava tudo, sentia aquele cheirinho de tinta fresca e imaginava que um dia me autorizaria a usar pincéis, tinta e a entrar no atelier "como gente grande"...

Enfim, esse dia chegou. Meu quadro, ou melhor, minha primeira "obra de arte" tinha uma tonalidade azulada, havia setas indicando não sei o quê, mas lembro bem que havia dois olhos que choravam. Na época, era o que podia fazer, esses eram os meus limites. Afinal meus colegas eram artistas e eu psicopedagoga brincando de artista.

Eles eram "iniciados" na pintura, sabiam como preparar telas e tintas, organizavam seu material e comentavam como fariam seu trabalho como artistas, pois o "Atelier Livre" é um local muito conceituado em termos de arte na cidade. As pessoas fazem testes para frequentarem os cursos. Vários artistas famosos (Xico Stokinguer, Vasco Prado) já passaram por lá e, além do mais, como é uma instituição pública, não pode cobrar muito, por isso, os cursos são muito concorridos. Nos cursos de verão, não havia muita concorrência, fui aceita e tive 100% de aproveitamento. Aprendi a construir uma tela em casa, confeccionei minhas próprias tintas, e melhor, foi descobrir que, por meio das observações que fazia no atelier da minha avó, havia aprendido muito mais do que eu imaginava.

Depois que entrei no "Atelier Livre", passei a me sentir mais livre para criar e construir a minha história de vida e contar histórias como essas que estou contando aqui.

Hoje, sei que o atelier da minha avó sempre foi psicopedagógico, pois ela pintava e bordava, dançava e tocava violino, costurava lindos vestidos para ir a festas no Conservatório de Belas Artes, cozinhava ótimos pratos e trabalhava como professora em escolas estaduais.

Apesar de meus colegas do "Atelier Livre" estarem "na minha frente" em termos de técnicas artísticas, eu já tinha experienciado muito as técnicas da vida artística e cotidiana da minha avó. A vida era dela, mas as adaptações curriculares foram minhas. Por isso, foram construídas e ainda estão sendo, pelas lembranças, pelo conhecimento, pelo saber e prática cotidiana que eu construo a cada dia.

Minha intenção aqui foi descrever a construção e o desenvolvimento de um processo criativo paralelo à produção acadêmica e à experiência profissional sem os quais não seria possível, no meu caso, promover a abertura de tantos canais de expressão. Não posso deixar de mencionar o fato de que, em 2010, quando fui a Buenos Aires apresentar meu trabalho de conclusão de formação na E.Psi.B.A., levei para expor os trabalhos de artistas, colegas de um grupo de artistas que participo. Fui curadora da exposição itinerante nomeada "A cura do planeta através da arte". Eram telas de 1,40 cm x 1,40 cm e que ficaram expostas ao vento, ao sol, a chuva para "ajudarem na cura do planeta". A E.Psi.B.A. ficou mais linda ainda! Todos os andares e janelas da escola ficaram decorados com as obras do Grupo Ir-Manos Artistas Latino-Americanos. Quem passava na rua admirava, fazia um comentário e, por alguns dias, as obras da exposição coletiva ficaram expostas naquele prédio muito significativo para todos que passaram pelas formações *alicianas*.

Em 2011, Alicia apresentou-nos o que viria a ser sua última obra — *Atenção Aprisionada*, ao término do trabalho no Grupo Didático Terapêutico. Como de costume, escrevia uma dedicatória para cada uma de nós. Na minha, em livre tradução, dizia o seguinte: "Para a querida Susi, com quem estamos trabalhando caminhos de autorias.".

Como ela sempre fazia, reunia o grupo na cobertura do hotel para admirarmos o pôr do sol e falava sobre o que havia escrito, e a primeira coisa que fez foi ler os agradecimentos, a dedicatória, em forma de poema e a seguinte frase: "Dedico esse livro aos 'espaços moinhos' brasileiros, uruguaios e argentinos e seus múltiplos criadores."

> Um moinho
> ainda que somente um,
> colocado na terra,
> ainda que árdua,
> com a energia dos diversos ventos
> e ainda que com tempestades distantes,
> encontra atua,
> ainda que mais escondida,
> fazendo brotar as sementes,
> ainda que as mais imprevistas.
>
> (FERNÁNDEZ, 2012, s.p.)

Depois, Alicia conta sobre esses encontros com psicopedagogas e psicopedagogos que hoje, 25 anos depois, continuam disseminando as sementes da psicopedagogia. Cita Porto Alegre como "formoso território" e seus "Moinhos de Vento" que viram nascer sua primeira filha. Diz ainda que "Porto Alegre, com a alegria de seu nome, é demais, o cenário em que compartilho 'espaços moinhos' com amigos e colegas". (FERNANDEZ, 2012, s.p.)

Nesse sentido, aqui em Porto Alegre, em setembro de 2020, um grupo de colegas, realizou um evento nomeado "Tributo à Alicia Fernández", para o qual fui convida a fazer um "mimo" para presentear os participantes desse evento. Fiquei emocionada e feliz, mas "me deu medo" porque "em toda aprendizagem, põe-se em jogo certa cota de temor [...], mas aceito como próprio do encontro como a responsabilidade que a autoria supõe" (FERNÁNDEZ, 2001, p. 34).

Passado o medo inicial, fui para o meu atelier e comecei pensar, desenhar e logo a modelar o barro. Lembrei que Alicia, há tempos atrás, havia me proporcionado momentos onde me descobri, além de psicopedagoga, artista plástica, ceramista e escritora. Fui lembrando-me de algumas cenas vivenciadas em nossos encontros e de outras descritas em seus livros. A primeira imagem que modelei foi a do Moinho de Vento que ela tanto gostava, nomeando Porto Alegre, a cidade onde vivo, como cenário compartilhado com colegas e amigos como "espaços moinhos".

Depois, elaborei a Árvore do Conhecimento ou árvore do paraíso, citada por Alicia em *O Saber em Jogo*.

> O saber é como essa Árvore do Paraíso. Dentro de cada um, tenta, impulsiona. Convoca, busca a certeza da verdade absoluta e impossível. No entanto, ao comer de seu fruto, podemos perder a felicidade incorpórea de Éden. Sem dúvida, atrever-se a esse jogo sempre nos permitirá saborear algo do sabor do impossível (FERNÁNDEZ, 2001, p. 61).

A seguir, lembrei-me da "bici" da narrativa de Silvina que descreve a cena do aprender a andar de bicicleta e explica o sentido de aprender. — "Aprender é quase tão lindo quanto brincar" (FERNÁNDEZ, 2001, p. 28). Por fim, modelei "o brincar", aspecto que, para mim, é o mais significativo na obra de Alicia. Assim, esse brincar surgiu em minhas mãos, representado nas figuras de um menino e de uma menina jogando bola, brincando.

Imaginando que Alicia estaria conosco, agora, fiquei pensando quais seriam suas palavras em relação a esse trabalho. O que ela diria? Mas, como isso não nos é possível, cito algumas palavras que ela, muito generosamente, escreveu no prefácio do livro de minha autoria.

> Você tem em suas mãos uma "obra de arte", produto de alegria e de fazer (se) em psicopedagogia. Arte — Alegria — Brincar — Autoria e Aprender se entrelaçam. A obra de Susi Rodrigues de Sá nos permite reconhecer o valor do brincar e da arte no aprender e na abertura de espaço no qual o aprender se torna possível [...]. O objetivo central do trabalho psicopedagógico é contribuir para criação de espaços de autoria [...] somente quando a obra se coloca no mundo, doa-se ao mundo, o autor se reconhece nele, reconhecendo assim, sua autoria. A presente obra é um exemplo de tal possibilidade. (FERNÁNDEZ *In:* SÁ, 2009, p. 12)

Não saberia expressar melhor o que senti sobre os trabalhos em cerâmica realizados para esse evento.

Concluindo minhas memórias de aprendizagem com Alicia Fernández, apresento a seguinte poesia:

Tempo

Houve um tempo
em que eu andava,
mas não enxergava;
Escutava, mas não ouvia;
Aprendi a levantar e a dançar;
Como a bailarina...
Era a minha criança,
aprendendo a brincar...
Houve um tempo
em que eu crescia
e aprendia a caminhar;
Comecei a olhar, observar,
Escutando música e
as vozes da adolescência...
Houve um tempo
em que crescia, evoluía,
mas não estava madura...
experienciava, observava;
Construía, aprendia...
Hoje é um tempo de viver
a maturidade...
Valorizar as conquistas,
aprender com erros e com os acertos;
Escutando, falando e recriando
"a bailarina" que continua aprendendo...

(SUSI SÁ, 2021, s/p.)

Referências

FERNÁNDEZ, A. *A atenção aprisionada*: Psicopedagogia da capacidade atencional. Tradução técnica de Neusa Hickel, Regina Orgler Sordi. Porto Alegre: Penso, 2012.

FERNÁNDEZ, A. *A Inteligência Aprisionada*. Tradução de Iara Rodrigues. Porto Alegre: Artes Médicas, 1990. 261 p.

FERNÁNDEZ, A. *A Inteligência Aprisionada* – "Saber em Jogo". Vídeo de Palestra. Auditório do Hotel Cambirela. Florianópolis: [s. n.], 19 maio 2008.

FERNÁNDEZ, A. *A Mulher Escondida na Professora*: uma leitura psicopedagógica do ser mulher, da corporalidade e da aprendizagem. Tradução de Neusa Kem Hickel. Porto Alegre: Artes Médicas Sul, 1994.

FERNÁNDEZ, A. *O Saber em Jogo*: A psicopedagogia propiciando autorias de pensamento. Tradução de Neusa Kem Hickel. Porto Alegre: Artmed Editora, 2001.

FERNÁNDEZ, A. *Os Idiomas de Aprendente*: Análise das modalidades ensinantes com famílias, escolas e meios de comunicação. Tradução de Neusa Kem Hickel e Regina Orgler Sordi. Porto Alegre: Artmed Editora, 2001.

FERNÁNDEZ, Alicia. *Prefácio*. In SÁ, S. O Atelier Psicopedagógico: pensamento criativo no jogo psicopedagógico. Porto Alegre: Premier, 2009.

FERNÁNDEZ, A. *Psicopedagogia em Psicodrama*: morando no brincar. Tradução de Yara Stela Rodrigues Avelar. Petrópolis: Vozes, 2001.

MEIRELES, Cecília. Ou isto ou aquilo. Rio de Janeiro: Civilização Brasileira. 1981.

PAÍN, S; JARREU, G. *Teoria e Técnica de arte-terapia*: a compreensão do sujeito. Porto Alegre: Artes Médicas, 1996.

PAPALIA, D; OLDS, S. W. *Desenvolvimento Humano*. 7. ed. Porto Alegre: Artes Médicas Sul, 2000.

SÁ, Susi Rodrigues de: O Atelier Psicopedagógico: pensamento criativo no jogo psicopedagógico. Porto Alegre: Premier, 2009.

WINNICOTT, D. W. *O Brincar e a realidade*. Rio de Janeiro: Imago, 1971.

Alicianas

Julia Eugênia Gonçalves

Fui das poucas pessoas de minha geração que frequentou a educação infantil. Aprendi a ler com 5 anos, aos 7, fui presenteada com a coleção completa das obras de Monteiro Lobato. Depois, vieram Machado de Assis, Humberto de Campos, Guimarães Rosa, dentre outros autores brasileiros cuja leitura meu pai indicava.

Sempre boa aluna, não tive dificuldades na escolaridade. Escrevia para atender às solicitações dos professores e para mostrar ao meu pai, professor, que era para mim o modelo da perfeição em Língua Portuguesa. E assim o tempo passou. Concluí a faculdade, ingressei logo em seguida no mestrado e escrevi minha dissertação sem problemas. Fez parte da banca a famosa escritora de livros infantis Ana Maria Machado, que ficou encantada com o meu texto e insistiu muito em publicá-lo. Mas meu pai estava sentado na primeira cadeira do auditório. Como superá-lo? Como mostrar minha escrita sem feri-lo? Essa era a questão que atormentava minha mente, que estava presente em meu imaginário. Por isso, o texto ficou guardado muitos anos, até o trabalho terapêutico com Alicia Fernández libertar-me.

Isso aconteceu de maneira inusitada. Surpreendente, como só Alicia era capaz de fazer. Tínhamos trabalhado num dos encontros do curso de formação o tema da escrita e da subjetivação na aprendizagem. Saí de Belo Horizonte com as ideias fervilhando. No ônibus, voltando para casa, peguei um pedaço de papel e escrevi uma poesia sobre a escrita. Enviei para ela por e-mail com uma necessidade de mostrar-lhe o que havia aprendido.

Quando retornamos no encontro seguinte, havia à nossa disposição o número 5 da Revista de E.Psi.B.A. (1997). Comprei meu exemplar e sentei-me na primeira cadeira da sala de aula, como era meu feitio. Alicia aproxima-se de mim e pergunta:

— Júlia, ya te viste en la Revista?

Não entendi nada! O que ela queria que eu visse? Respondi que não. Mais tarde, no intervalo da aula, folheei a revista em busca de algo que deveria ver: não via. No horário do almoço, não saí com as colegas, como era de praxe. Fiquei no hotel folheando a revista, buscando encontrar alguma coisa para mostrar a Alicia. Nada!

Naquele dia, no período da tarde, Alicia, novamente, aproxima-se de mim e pergunta:

— Júlia, ya te viste en la revista?

Eu comecei a chorar, de agonia, porque não conseguia encontrar nada para ver. Daí, ela abriu a revista e lá, na página 88 estava publicada minha poesia, intitulada "A Escrita e Eu". (GONÇALVES, J. 1997, p. 88).

Relato esse fato para demonstrar o impacto de Alicia em minha vida. Depois disso, passei a mostrar minha escrita e hoje tenho capítulos publicados em vários livros em colaboração com outros autores e dois de minha única autoria.

Afastei-me do contato com o grupo terapêutico em 2010 por motivo de doença. Quando soube de sua morte, em 2015, fiquei muito mal. Não conseguia falar e muito menos escrever sobre ela. Até que, em 2017, fui convidada por um grupo de colegas psicopedagogas de Minas Gerais, que fizeram formação em E.Psi B.A. para mediar um encontro aqui na minha cidade, Varginha. Vinha gente de vários municípios, alguns muito distantes, pois Minas é um estado com grande extensão territorial. Fiquei pensando: o que levaria pessoas de locais tão distintos e longínquos a se reunirem para celebrar Alicia Fernández? A resposta que me pareceu mais óbvia foi a de que todas se identificavam com alguma coisa que ela propunha em termos de sua teoria; todas foram tocadas por ela de alguma maneira, afetando suas vidas. Todas eram, dessa maneira, seguidoras de Alicia: eram *alicianas*.

Sendo assim, escrevi este poema, que foi lido com muita emoção no Tributo à Alicia Fernández realizado em setembro de 2020 e que aqui reproduzo, em sua homenagem:

Alicianas

Somos alicianas,

Discípulas de Alicia Fernández.

Com seu amor pela aprendizagem,

Ela nos encantou.

Somos alicianas,

Seguimos suas ideias,

Teoria que sustenta nosso trabalho

Na clínica psicopedagógica.

Somos alicianas,

Aprendemos com Alicia a duvidar,

A questionar, a desenvolver nossa autoria,

Até para discordar dela.

Alicia está presente em nós,

Com seu sorriso largo e franco,

Seus panos, xales, echarpes,

Fazendo da graça algo maior do que a beleza.

Somos alicianas!

Referências

GONÇALVES, Julia Eugênia. A escrita e eu. Revista E.Psi.B.A. Buenos Aires, 1997, p. 88.

Experiência de Vida:
uma pequena grande menina

Hortência Vital

Depoimento de uma mãe que passou a estudar o que poderia favorecer e transformar em ajuda para acertar ao máximo o convívio no dia a dia em família a partir da chegada de sua segunda filha que nasceu com problemas sérios de saúde. E em todos os cursos que estudou, a Psicopedagogia veio para ficar em sua vida, manifestando-se consideravelmente como alicerce. Segundo seu depoimento, quando se conhece a Psicopedagogia, torna-se difícil não vincular com as outras áreas do conhecimento.

A mãe é a quinta filha de uma família de 18 irmãos. Assim, era necessário que os mais velhos ajudassem a cuidar dos mais novos. Desse modo, cuidando de seus irmãos menores, foi um bom aprendizado. Aos 21 anos de idade, casou-se e teve três filhas, sendo que a segunda, a mãe percebeu que havia um problema de desenvolvimento físico com a filha, apesar de todos dizerem "é impressão sua".

A partir dos seis meses, algumas características foram acentuando-se e, em consulta com pediatra, este a encaminhou para fisioterapia, massagem e natação. E a vida foi passando, ela sabia que havia algo muito diferente com a filha e, quando ela completou 1 ano de idade, a mãe estava grávida de sua terceira filha. Após o nascimento do bebê, os pais resolveram fazer uma investigação para saber qual o diagnóstico de sua segunda filha que já estava com 1 ano e oito meses. Segundo a mãe, já havia decorrido tempo demais para essa pesquisa, pois, nessa época, já se percebiam algumas características. Ao passar por várias especialidades médicas, foi detectado com o nome de Mucopolissacaridose. E a partir dos 2 anos de idade, ela parou de crescer. Cronologicamente, não superou as crianças de 2/3 anos, sua idade mental era observada além dos padrões normais.

Um breve resumo sobre a mucopolissacaridose (MPS): é uma doença rara, metabólica, causada por erro inato do metabolismo. E Andreza foi diagnosticada com a síndrome de Maroteux-Lamy (MPS-VI), dessas seis síndromes, somente duas delas não têm comprometimento mental. E Andreza foi premiada, sua inteligência sempre superou suas limitações.

Aos 20 anos, sua altura era de 87 cm, e seu peso 20 quilos. Com o passar dos anos, foi nítido detectar os seguintes sintomas: alterações da face; dificuldade auditiva; macroglossia/língua grande, dentes mal formados; dificuldade visual; rinite crônica; atraso no crescimento; infecções de ouvido; baixa estatura; articulações rígidas; excesso de pelos; deformidades ósseas; infecções respiratórias; ossos porosos; compressão da medula espinhal; córneas opacas; aumento do fígado e do baço, hérnia umbilical, síndrome do túnel do carpo e macrocefalia. Mesmo com todos esses sintomas, não foi impedimento de Andreza viver uma vida normal dentro de suas possibilidades. Uma amiga disse à sua mãe: "Poxa, com tanta gente no mundo e veio acontecer logo com vocês!?", mas a mãe não levou em consideração tal comentário, agradecia por ser mãe de Andreza que a considerava como um ser muito especial, um anjo vindo do céu.

A família procurou viver a vida com mais intensidade, com outros horizontes, até então desconhecidos, passando a conviver com uma menina que não era criança, e sim uma pessoa adulta em miniatura, Em pouco tempo, com o agravamento da enfermidade incurável, houve um processo irreversível similar a um envelhecimento precoce, deixando de ir à escola, de caminhar e muitas outras atividades da vida diária, deixando escapar pelas mãos a puberdade, a adolescência, passando a viver a idade adulta e o envelhecimento.

Fernández-Ballesteros, em seu livro *¿Qué es la psicología de la vejez?*, comenta, "A que idade começa a velhice?" (FERNÁNDEZ-BALLESTEROS, 1999 p. 13).

Andreza, uma menina livre, sempre alegre, cantando, andando correndo, estudando, pintando quadros, tocando teclado e de bem com a vida, sabia apreciar o belo e a natureza. Passando muito rápido pelas suas fases de desenvolvimento, pois a partir dos seus 8/9 anos de idade, começou a perder a mobilidade, talvez estivesse vivendo a velhice. O objetivo de vida dessa família passou a viver muito bem todos os momentos que a vida proporcionava, isto é, vivendo o hoje, celebrando a vida e sempre dando prioridade ao bem estar da família. Resumindo, ser feliz.

Não há nenhuma dúvida que a emoção tem um papel significativo em nossas vidas, que podem gerar estímulos e energias poderosas para alcançar objetivos propostos por nós. Andreza parecia nascer emocionalmente alfabetizada, e sua mãe considerava-a uma pessoa muito inteligente e com grande sabedoria.

Solange Thiers afirma que:

> [...] mobiliza aspectos primitivos da afetividade, do corporal e da ação, de tal forma que o indivíduo retoma aspectos regressivos de sua própria vida e libera a repressão, à medida que se aceita como é, como pode ser, com partes boas e más. (THIERS, 1992, p. 6.)

A família aceitou com plenitude a situação como ela apresentou-se, e Andreza aceitava-se plenamente. A mãe em seus estudos frequentes, principalmente a Psicopedagogia e a Sociopsicomotricidade, teve oportunidade de aprender e a refletir sobre o comportamento de outras famílias com relação aos filhos com limitações, principalmente. Famílias que escondiam seus filhos e que trancavam no quarto até a visita ir embora e outros casos mais. Essas e inúmeras experiências que vivenciou foi um aprendizado constante e permanente em sua vida. E logo passou a observar com mais clareza a falta de orientação dos pais com relação aos filhos portadores de alguma deficiência.

Como diz Alicia Fernández, a inteligência é uma construção que se realiza, a partir de significações conscientes e inconscientes, que o grupo que a cerca, espera dessa criança, e depois disso, a inteligência vai se formando e com certeza, essa superação poderá acontecer. Andreza se superou até por si só e quando a escola começou a intimidá-la ela saiu ficando somente com o apoio da família e amigos. Na escola, fazia perguntas difíceis, e os professores pensavam várias vezes para responder. Se ela perguntava, era porque tinha curiosidade e desejo de aprender.

A família foi transferida para Brasília em busca de melhor acompanhamento de saúde, ocasião em que Andreza passou por dois transplantes de córnea, e nada mais a fazer devido à enfermidade incurável e sem tratamento. A família retorna para Belém depois de cinco anos. Andreza foi transferida de uma escola especial de Brasília para Belém para continuar com atendimento especializado. Ao conhecer a nova escola, a mãe, que levava Andreza para o seu primeiro dia de aula, ficou surpresa ao ouvir a professora dizer aos alunos em voz alta e sem interrupção: "Tu, não podes te sentar neste lugar, és repetente!". "Tu não vais aprender nada outra vez neste ano, és tonto!". "Tu, voltaste? Pensei que ias ficar na roça ajudando teu pai". A mãe ficou horrorizada, escutou várias palavras ofensivas sem acreditar no que estava ouvindo e que, para as outras mães, pareciam ser normais. A mãe de Andreza, não vendo acolhimento para sua filha, transferiu para outra escola com metodologia montessoriana, onde era questionadora e participava ativamente das aulas e comemorações extraclasse.

Andreza, sendo conhecedora e consciente de todo o seu problema, ao terminar a 5ª série decidiu parar de estudar, pois segundo ela não iria precisar desse conhecimento, então, estudar para quê? Surpreendia a todos com suas habilidades e inteligência, tendo como melhor amiga a sua mãe, mas também muitos amigas e amigos em todo Brasil. A partir de sua decisão, passou a fazer atividades extracurriculares. Passou a pintar quadros, principalmente palhaços, os quais se encontram na parede da sala de sua casa. Concomitante a essa atividade, surgiu o interesse em estudar piano e como aluna penetra, entrou na Escola de Música Conservatório Carlos Gomes, chegou a tocar piano a quatro mãos com a professora em uma apresentação. Passou para o teclado pelo fácil acesso de transportar em suas atividades voluntárias, chegou a tocar em um encontro de idosos em Icoaraci, na Escola Pestalozzi, em algumas escolas, e foi convidada pela AABB para expor seus quadros e tocar teclado, ocasião em que tocou somente uma música, *Ghost — O Outro Lado da Vida*, que emocionou a todos.

Para a família, era fácil sair de casa para os eventos com as filhas, porém a dificuldade estava em responder as perguntas de curiosidade que as pessoas faziam na rua, em shoppings, em teatro, nas praias, mas as respostas eram bem inteligentes e corteses para perguntas tolas. Ao chegar em casa, era motivo de risadas para as respostas que eram dadas. Em outra situação, uma criança olhou para Andreza e perguntou: "É bicho?". E tantas outras situações inconvenientes que a família sofria. E nem por todas essas dificuldades a família deixou de se divertir e ir aos eventos que eram sempre programados por Andreza.

Seus pais eram incansáveis em adaptar principalmente seu quarto e, na casa, para facilitar o acesso e deixar que ela vivesse uma vida o mais independente possível em uma época que ainda não se falava em acessibilidade. Aos 10/11 anos de idade, com 87 cm de altura e o avanço da enfermidade e quase sem mobilidade, começou a se locomover em um carrinho de bebê.

Alicia Fernández, em seu livro *La Inteligencia Aprisionada*, diz:

> A origem do problema de aprendizagem não se encontra na estrutura individual. O sintoma está em uma rede particular

de vínculos familiares, que se entrecruzam com uma também particular estrutura individual [...] (FERNÁNDEZ, 1991, p. 30).

Andreza possuía verdadeiramente uma inteligência emocional, sua conduta e expressividade eram de tamanha sabedoria.

Daniel Calmels, em seu livro *Cuerpo y Saber*, falando sobre o saber e o conhecer, deu muito suporte para a caminhada de Andreza:

> O conhecer é objetivável, transmissível em forma indireta ou impessoal; se pode adquirir através de livros ou de máquinas [...] se anuncia através de conceitos. Em mudança, o saber é transmissível só diretamente, de pessoa para pessoa, experimentalmente [...] só pode ser anunciado através de metáforas, paradigmas, situações, casos clínicos. O saber dá poder de uso. (CALMELS, 1997, p. 19).

A mãe de Andreza foi aluna de Alicia Fernández e com Alicia adquiriu conhecimentos e ferramentas para lidar, aprender e conviver feliz com uma filha especial.

O convívio social de Andreza sempre surpreendeu a família e a todos com sua alegria, autenticidade, sagacidade, compreensão, carisma e sabedoria. Para expressar todo esse carisma com os amigos e demais, seguem alguns depoimentos:

Depoimento da diretora Clea da Escola Arapitanga. "Pensar em resiliência, alegria, solidariedade, austeridade, empatia, amor é lembrar de nossa querida e amada Andreza! Com determinação, participava de todas as atividades propostas, em seu espaço escolar no Centro Educacional Arapitanga. Independendo do tamanho do desafio, ousava de forma determinada e firme de se fazer presente. Com leveza de forma carinhosa e sagaz, motivava colegas em momentos de insegurança, desafiando o potencial e os inspirando a superação, principalmente, quando se tratava de colegas, com alguma deficiência. O observar lhe era aguçado, usava esse potencial em especiais momentos, para expressar suas opiniões e críticas de forma muito sábia e integrante. Sim, a inteligência lhe era uma especial característica, além de ter sido abençoada, por possuir diversas habilidades e que soube sabiamente desenvolver. Com facilidade de criar vínculos tinha amizade com muitos colegas e estendia as relações a ambientes externos à escola, participando das festinhas de aniversário e passeios coletivos. Tinha amigos fiéis. Com uma convivência saudável, seus colegas a tratavam com respeito, mas sem superproteção, só lhe ajudavam em alguma circunstância limite, se ela os solicitasse, pois acreditavam em seu potencial e conviviam de forma harmônica e feliz. Era uma grande e especial aluna, nossa pequena Andreza! Deixou um grande registro de sua história em nossos corações".

Depoimento de sua professora Lucileda da mesma escola:

> Desde nossa primeira aproximação houve sentimentos e emoções recíprocas, que foram relevantes para o nosso trabalho educacional e na formação de nossa amizade. Sua dificuldade física nunca foi um empecilho na aquisição dos conteúdos e no relacionamento social com todos da escola! Sempre bem humorada! Participava com alegria de atividades externas e de sala de aula. Obrigada Andreza pela experiência de vida, iluminada de amor que você proporcionou a todos nós alunos e professores! Um grande abraço de luz! Tia Leda.

Depoimento de sua prima e amiga Silvana:

> O que falar de Andreza... Aprendi muitas coisas com ela. Menina mais amável e autêntica que já conheci, apesar de toda sua dificuldade não existia barreiras que a impedisse de fazer o que quisesse. Muito organizada (sabia onde estava tudo) e inteligente (tinha coleções de livros). Lembro sempre dela feliz fazendo cosquinhas nos primos e contando histórias. Foi com ela que conheci a música 'Tarde de Itapuã' de Vinícius de Moraes, cantava do início ao fim. Que aprendizado, que cultura nos deixou. Só tenho que agradecer pelas lembranças boas, saudáveis e saudosas...

Depoimento de sua amiga Sônia.

> De certa maneira sempre achei que a amiga Andreza era um ser muito especial. Quanto à beleza de alma não consigo nem conceituar, porque cada vez que conversávamos, ela me surpreendia com tantas frases tão filosóficas. Este mundo, para ela era muito medíocre e as pessoas nunca teriam condições de acompanhar sua lógica e mestria ascensionada. Enfim amiga, tem muito a dizer sobre aquele ser tão evoluído de tão bela de alma. Beijos!

Depoimento de sua amiga Letícia: "Eu ainda não sabia o que significava ser mãe. Ainda nem sabia o que significava ser professora. Certamente ainda não tinha sequer a dimensão do que significava ser mulher, ser amazônica, ser brasileira. Não conhecia a experiência da perda, nunca tinha lidado com limitações. Não sabia o quanto nossas cidades são inacessíveis, o quanto seus moradores podem ser fúteis e desprezíveis. Nem o quanto as crianças — com muito menos experiência em tudo — podem ser muito mais sinceras e empáticas que os adultos, construindo pontes onde eles ergueram muros. Eu não sabia de nada..., mas em plena adolescência — período em que geralmente se valoriza demais as aparências e não se vai muito além das superfícies — aprendi da melhor maneira possível a dimensão que se alcança quando se consegue olhar para essência, dentro da profundidade abissal de uma troca significativa e sensível, para além de qualquer julgamento ou padronização. Tive a oportunidade, certamente a maior da vida, de conviver de pertinho com a Andreza. Foi um período curto de tempo, mas com um longo legado de significações... Como boa geminiana, ela era faladeira. Introspectiva, fazia observações profundas. Sociável, não guardava para si suas análises. Tinha um sorriso generoso e um senso de humor apurado. Ela sempre me pareceu ser o epicentro da vida familiar. Ao redor dela orbitava a casa — e todos que, como eu, a frequentavam. E a Andreza sabia disso, orquestrava essa órbita: organizava processos, pessoas e resultados. Ditava o ritmo e a direção, era uma verdadeira gestora. Ela parecia conseguir gerir com qualidade, inclusive, as limitações físicas que se impuseram. Achava caminhos, contornava obstáculos, reconfigurava o cenário. Tocava teclado. Pintava quadros, com estilo e identidade artística. Seus talentos e produções eram amplamente valorizados pela família: como ela própria, suas obras estavam sempre no centro, sempre à mostra. Um verdadeiro sol. Suas pinturas estavam em permanente exposição na parede da sala. Para mim, eram o registro de um período anterior, que eu não havia conhecido pessoalmente: as limitações motoras e sensoriais, naquele momento, já não a permitiam pintar daquela maneira. Mas também eram o símbolo da valorização e priorização incondicional que recebia da família. Ainda tive o privilégio de presenciar o que talvez tenha sido sua última pintura: ela foi me passando os comandos (virar o papel, dizer de que cor era qual tinta, ajudar a completar um espaço) do que parecia ser uma abstração — mas no final era um palhaço, em fundo azul... uma imagem mágica e única como aquela situação: ela sabia exatamente o que estava fazendo e desde o início sabia onde queria — e onde poderia — chegar! Na direção inversa das crianças, que ganham cada vez mais autonomia enquanto crescem de tamanho, Andreza foi diminuindo a sua interação e independência com o passar dos anos. (Não como um "filho eterno", uma infância congelada no tempo, mas talvez como a experiência — que eu, também, ainda não conhecia — da velhice, da perda gradativa das funções...) Sua luz foi se despedindo de nós como um ocaso. Belíssimo, mesmo que triste. E, também como um poente, nos fez sentir privilegiados e agradecidos pela honra de estar ali, presenciando aquela orquestração divina!! Sua energia vital continua emanando em nós...".

Depoimento de sua amiga Ivana:

> Falar da Andreza, é uma ótima oportunidade de reviver o verdadeiro sentido da vida, viver com graça, na dor e na esperança. Desde o começo de sua existência, acompanhei de perto sua trajetória e de sua família, por quem tenho muito apreço. Seus pais, Anton e Horte, suas irmãs, Patrícia e Leandra, seu lar, era a extensão da minha casa e da minha família. Pessoa do bem, uma estrela, de uma inteligência aguçada, sentia com o coração, determinada, exigente, e por vezes, muito engraçada. Umas das experiências que mais me marcou nesse processo de convivência, era a capacidade de seus pais e irmãs, de acompanhar seu processo de crescimento/desenvolvimento, entre dores e infindos tratamentos/procedimentos de saúde, com grande dedicação, tinham verdadeira conexão com suas limitações e possibilidades. Era tratada como uma pessoa normal, não era doente, tinha limitações. Viveu além do tempo previsto pela síndrome a que era acometida, graças ao carinho, atenção, empatia, compaixão e muita ternura. Andreza, nunca teve sua inteligência aprisionada, era muito livre em tudo que pensava e fazia, e tinha no seio da família, clima, liberdade e acolhimento.

Depoimento de sua irmã Patrícia: "Andreza nasceu quando eu tinha 4 anos. Desde que minha mãe chegou da maternidade ela dizia que aquela criança tinha algum problema. Intuição materna. Nos mudamos para Brasília em decorrência da descoberta da doença. Meu pai resolveu voltar a morar em Belém. Tinha aula de pintura e de piano. Mas ela ainda andava. E uma vez no shopping estávamos experimentando máscaras e pude ver outra criança pegando com nojo nas máscaras que ela devolvia para o mostruário. As aulas de piano e pintura não tomavam o dia inteiro dela, então resolvi estudar junto com ela. Estudávamos principalmente História. Lembro que achamos muito interessante o Calvinismo, que pela abordagem do livro nos dava a ideia de uma certa liberdade. Também estudamos polifonia. Finalmente estava lendo para ela a bibliografia da Clarice Lispector. Macabeia a deixou muito impressionada. Com o tempo ela deixou de andar e saíamos em um carrinho de bebê. Quando eu a empurrava ela dizia: 'Vai começar o show!' Dizia rindo. Como que rindo do próprio destino que, assim como ocorreu com Macabeia, te atropela sem deixar escolha".

Em um Evento de Psicopedagogia em Belém do Pará com a presença de Alicia Fernández, no qual Andreza e sua mãe foram ao encontro de Alicia. As três conversaram alegremente. Alicia fez duas perguntas para Andreza e impressionou-se com as respostas, dentre as quais: "O que você percebe sobre a educação dos meninos e meninas nas escolas?", "E como você vê a educação dos filhos?". Andreza respondeu que nas escolas todos tinham que melhorar e interessar-se mais pelos alunos e não deixar de responder as perguntas que eram feitas por eles. E sobre a educação dos filhos, ela respondeu que os pais simplesmente não sabem educar os filhos, deve ser porque eles não aprenderam a educar, então está tudo errado e é por isso que eles não sabem responder às perguntas dos filhos. Nesse dia, foi notório e todos viram Alicia com uma expressão de admiração frente às suas respostas.

O tempo passou e, em um encontro de Psicopedagogia em São Paulo, professora e aluna encontraram-se, e Alicia logo perguntou por Andreza, e a mãe respondeu: "Ela não está mais". As duas abraçaram-se.

A mãe de Andreza sou eu.

Referências

ANTUNES, Celso. *El Desarrollo de la Personalidad y la Inteligencia Emocional* – Diálogos que ayudan a crecer. Barcelona: Gedisa Editorial, 2000.

CALMELS, Daniel. *Cuerpo y saber*. Buenos Aires: D&B, 1997.

CALMELS, Daniel. *Espacio Habilitado* – En la vida cotidiana y la Prática Psicomotriz. Buenos Aires: D&B 1997.

FERNÁNDEZ, Alicia. *A Inteligência Aprisionada*. Artes Médicas, Porto Alegre, 1991.

FERNÁNDEZ-BALLESTEROS, Rocío et al. *¿Qué es la psicología de la vejez?*. Madrid: Biblioteca Nueva, 1999.

GOLEMAN, Daniel. *Inteligência Emocional* – A Teoria Revolucionária que fine o que é ser inteligente. Rio de Janeiro: Objetiva, 1995.

GOTTMAN, John; DeCLAIRE, Joan. *Inteligência Emocional* – A Arte de Educar Nossos Filhos. Rio de Janeiro: Objetiva, 1997.

WEISS, Maria Lúcia. Psicopedagogia Clínica – Uma visão Diagnóstica dos Problemas de Aprendizagem Escolar. 3. ed. Rio de Janeiro: DP&A, 1997.

THIERS, Solange *et al*. *Sócio-psicomotricidade Ramain-Thiers*. São Paulo: Casa do Psicólogo, 1994.

THIERS, Solange *et al*. Técnica Ramain-Thiers. 3. ed. Rio de Janeiro: Cesir, 1995. n. 1.

THIERS, Solange *et al*. *Orientador terapêutico Thiers para adultos*. 2. ed. Rio de Janeiro: Cesir, 1995.

NEPOMUCENO, Maria C.; SANTOS, Sonia M. R.; CASTRO, Hortência V. de. Psicopedagogia dos maiores abandonados. 1992. Trabalho de Conclusão de Curso (Especialização em Psicopedagogia) – Unespa, Belém, 1992.

UAM-UNIVERSIDAD AUTÓNOMA DE MADRID. Facultad de Psicología. Master en Gerontología Social. Iberoamericana. Material de apoyo del curso. 3. ed. Brasília: INSESO, 1999.

VIEIRA, Dirce Fátima. A velhice nos tempos atuais. *Revista Psicologia*, 1999. Disponível em: www.revistapsicologia.com.br. Acesso em: 19 maio 2021.

YANGUAS, J. *et al*. Piscologia de las Personas Mayores. [*S. l.: s. n.*], 1998.

Vivência com Alicia

Marina Silva

Sinto necessidade de recorrer a níveis variados da minha memória e reviver muitos tempos em minha história para poder compartilhar a importância e os muitos significados de meu encontro com a Psicopedagogia de Alicia Fernández. A vivência e o trabalho com ela e com Jorge Gonçalves da Cruz desencadearam um processo de aprendizado que atravessa vários tempos em muitos os aspectos da minha vida. Mas vou me concentrar especialmente em dois níveis: primeiro, o da ressignificação das origens de meu processo de aprendizagem, na minha infância e adolescência; segundo, o das implicações desse trabalho no desenvolvimento de minha atividade política e minha atuação na esfera pública em geral.

Começo agradecendo a Deus pelo desafio que a amiga psicopedagoga Maria Augusta Chagas fez-me, para que conhecesse o trabalho de Alicia, num momento em que parecia impossível começar mais uma atividade em meio a tantas que já me tomavam todo o tempo. Mas não era possível faltar ao encontro que ampliaria ainda mais um interesse antigo e intenso, meu interesse pela Psicanálise. De fato, meu interesse pela psicanálise vem desde 1982, quando estava no segundo ano de graduação no curso de História. Esse interesse não era motivado apenas por um desejo ou curiosidade de resolver "questões pessoais", mas expressava uma espécie de insatisfação com as explicações excessivamente racionais para as questões sociais com as quais já me defrontava. Senti, mesmo sem muitas leituras, que a psicanálise alcançava regiões mais profundas da condição humana e não estava presa a dogmas ou fórmulas fixas. Mas a vida seguiu, agitada, entre os movimentos sociais, a militância política e o trabalho inerente aos cuidados de duas crianças, meus filhos Shalon e Danilo. E um encontro mais íntimo com o pensamento psicanalítico foi adiado por alguns anos até que, em meu segundo mandato no Senado, busquei uma formação específica.

Mesmo com o tempo escasso (e agora com mais duas crianças adolescentes, além dos dois mais velhos na fase inicial de juventude) encarei uma pós-graduação em teoria psicanalítica, na UnB e, quase concomitantemente, uma em Psicopedagogia na Universidade Católica de Brasília.

Já estava em meio as grandes batalhas no Ministério do Meio Ambiente quando conheci Alicia e esse tesouro de valor incalculável na minha vida, assim como na de muita gente que foi tocada por sua presença e por sua proposta psicopedagógica.

A intensa movimentação política em que eu vivia — ocupando funções de relevância na República brasileira — exigia uma espécie de *"upgrade"* de todas as minhas capacidades. E tive a imediata impressão de que a Psicopedagogia, na abordagem de Alicia em sua parceria com Jorge Gonsalves da Cruz, proporcionava-me, em primeiro lugar, essa ampliação num terreno pessoal, íntimo. Mais que entender os diferentes idiomas do **ensinar/aprender**, pude vivenciar o aprendizado em várias formas e dimensões: na mente e no coração, na memória, na lida cotidiana do presente e na instigante prospecção do futuro.

Nesse plano íntimo e pessoal, pude descobrir que minhas jornadas de vida, mais do que compostas por duros e intrincados trilhos, eram porosas tessituras feitas com fios maleáveis e diversificados. Fios que tinham cores e matizes. Bem visível tornou-se o verde, da dura e encantadora vida na floresta e também da esperança plantada em mim pela família humilde e amorosa em que nasci; também forte, embora discreto, o marrom da terra, do trabalho na plantação e da caminhada nas estradas da luta social; mais forte ainda o vermelho do sangue que — paradoxalmente — havia sido derramado em benefício da vida e em defesa da Amazônia, o sangue de Chico Mendes, Dorothy Stang e tantas outras pessoas que tiveram cortadas suas vidas barbaramente.

Foi a práxis psicopedagógica de Alicia que ampliou minha percepção de como esses fios da vida teceram em mim um ideal identificatório, um querer-ser que suporta e orienta minha trajetória. Nele, articulam-se um intenso desejo de aprender, um sentimento de compromisso com a proteção da natureza e um engajamento na ação política em defesa do interesse público. Assim, quase como numa "associação livre" de pensamentos e memórias, retorno ao início da formação desse ideal, a partir de sementes plantadas em minha infância na floresta, o trecho inicial de meu "percurso aprendente".

Muita gente já conhece minha história e sabe que fui alfabetizada tardiamente, aos 16 anos, quando fui morar na cidade. Essa alfabetização tardia foi muito trabalhada em meus encontros com Alicia, de modo que eu pudesse compreender esses 16 anos vividos na floresta como um período de formação e desenvolvimento das bases de minhas capacidades de aprender.

Meu pai e minha mãe nasceram no Ceará e foram para a Amazônia viver num seringal, onde tiveram nove filhas e dois filhos. Além das crianças que "vingaram", como se diz no linguajar local, sete meninas e um menino, no seringal, viviam também meus avós, tios, num modelo de família mais parecido com as extensas famílias indígenas do que com as famílias urbanas, muito mais restritas. Vivíamos num regime de semiescravidão, numa floresta onde o vizinho mais próximo ficava a uma distância de quase duas horas de caminhada. Mas, entre nós e os patrões — para quem tínhamos que trabalhar sem muito tempo de descanso —, havia a floresta, com seus mistérios, belezas e durezas, que mais encantavam, abrigavam e alimentavam do que amedrontavam, com sua rica diversidade.

Hoje, percebo claramente que minha família era uma comunidade de serviço. Os adultos ajudavam os vizinhos, próximos e distantes, num compromisso inscrito em suas almas e expresso em seus saberes e fazeres. Minha avó era parteira, andava horas na mata para "pegar" as crianças no nascimento e orgulhava-se de nunca ter "perdido" uma criança ou uma mãe em toda a vida. Meu pai sabia fazer contas e com sua matemática ajudava todos os seringueiros a não serem enganados pelos patrões ou comerciantes. Minha mãe era costureira e fazia, como se costumava dizer, "da fralda à mortalha", todo tipo de roupa. Meu tio, que viveu muitos anos entre os índios, era mateiro, curandeiro, ceramista, fazia cestos de palha e todo tipo de artesanato. Ele fez para mim, em miniatura, todas as coisas que os adultos tinham: machado, faca de cortar seringa, balde para recolher o látex, defumador... tudo real e funcional, apenas menor em tamanho.

Tudo o que meus "mais velhos" faziam era validado pelo coletivo, pela solidariedade humana necessária para sobreviver na floresta, pelo imperativo moral de servir. E mais ainda: o aprendizado dessas artes necessárias à vida na Terra era inspirado por saberes e valores mais abstratos, com origem em alguma espécie de encantamento e numa cultura remotamente ancestral. As palavras de sonoridade musical nos versos de cordel declamados por minha avó, as narrativas dos milagres e martírios de sua fé de cristã católica, os números misteriosos e exatos da matemática com que meu pai fazia as contas da casa e ajudava os outros seringueiros, para não serem enganados pelos patrões na venda da borracha que produziam e dos manufaturados que compravam do barracão, o romantismo das novelas que minha mãe ouvia no rádio, os mistérios da floresta que meu tio aprendeu com os índios e expressava em metáforas paradoxais e concretas, todas essas riquezas do saber narrativo — e muitas outras coisas que eu nem sabia que sabia, formaram-me muito antes de entrar numa sala de aula, aos 16 anos, e submeter meu analfabetismo a um processo formal de aprendizagem da leitura e da escrita.

Alicia ajudou-me a reconhecer, nesse saber narrativo, a fonte permanente e inesgotável de meu aprendizado. "Você não era analfabeta", me disse, "apenas não tinha ainda o letramento moderno, mas já era graduada no saber narrativo".

Recorro às palavras de Dany-Robert Dufour: esse saber,

> [...] não pertence à ordem do saber científico, nem do conhecimento que depende deste. Não se dá na ordem do verdadeiro ou falso. Trata-se sobretudo, da competência que mistura as ideias de saber-fazer, de saber-viver, de saber- escutar [...] (DUFOUR, 2000. p. 142)

Toda a memória desse aprendizado foi presentificando-se durante os encontros com Alicia, as conversas, os processos terapêuticos. Eu pude compreender como foi que um ideal identificatório tão marcado pelo intenso desejo de aprender se inscreveu naquela criança no meio da floresta, que nem sabia o que era escola e nunca tinha visto um professor. E mostrou-se fundamental, para mim, a decisão que tomei aos 5 anos de idade, de morar na casa de minha avó, mãe do meu pai. Minha mãe fez de tudo para que eu desistisse da ideia, que ficasse em casa com minhas irmãs, mas eu insisti. E fiquei na outra casa, cercada de pessoas muito mais velhas: minha avó, uma tia solteirona, um tio solteirão, o cunhado de minha avó que tinha ficado viúvo e um velhinho que tinha sido abandonado porque não conseguia mais trabalhar, e meu pai o acolheu na casa de minha avó. Eu era a única criança na casa, em meio àquele panteão de mimo, disciplina e sabedoria.

Minha avó era apaixonada por literatura de cordel, os desafios e cantorias que tinha conhecido no Nordeste. E tinha uma memória privilegiada: bastava que meu pai lesse duas vezes um folheto para que ela decorasse todos os versos, do começo ao fim. E recitava em casa, para sua seleta plateia. Lembro especialmente de uma história, muito famosa, "A peleja de Romano e Inácio da Catingueira". Nela se defrontavam um cantador letrado, Romano, que vinha da cidade, e um analfabeto cantador da caatinga chamado Inácio. O "mote", tema com o qual fariam seus versos, seria o conhecimento das coisas da caatinga. E todo o povo do lugar se mobiliza para ver o grande duelo.

Minha avó começava com o grandiloquente anúncio feito pelo narrador da peleja:

>Hoje aqui tem que se ver
>
>Relâmpago de caracol
>
>O nevoeiro parar
>
>E dar eclipse no sol
>
>As águas do mar secar
>
>E eu pescar baleia de anzol.

Alguns anos depois, já adiantada na escolarização e adentrando o mundo da literatura, eu lembrava e pensava: meu Deus, que beleza tinham aqueles versos! O sol escondia-se, e o mar secava, os prodígios sucediam-se porque a Palavra ia entrar em cena — afinal, era uma disputa com a força das palavras.

E minha avó fazia uma verdadeira representação: sentada num banco, dizia os versos de Romano; mudava para outro banco e já se transformava no Inácio. Um espetáculo teatral para uma criança rodeada por meia dúzia de idosos. E o duelo maravilhoso ia transcorrendo, com versos inspirados e cheios de ritmo. Até que chegava a um final que tinha algo de trágico: Romano percebe que vai ser derrotado por Inácio, que era muito mais conhecedor das coisas da caatinga, e então muda o "mote" e faz uma pergunta com palavras da astronomia e da mitologia grega. E Inácio não sabe responder.

No começo da peleja, Inácio tinha desafiado o cantador letrado:

> Seu Romano, eu lhe garanto
> De que ciência eu não tenho
> Mas para cantar consigo
> E desenganá-lo hoje venho
> Abra o olho e cuide em si
> Que vou tirar seu desdenho
> Eu bem sei que o senhor
> Tem a força dos anéis
> Canta um ano, canta dois
> Canta sete, nove ou dez
> Mas o nó que der com as mãos
> Eu desato com os pés.

Agora, entretanto, o outro tinha dado um nó com a astronomia, que os pés do sertanejo, conhecedor dos caminhos espinhosos da caatinga, não alcançavam. Então, ele diz:

> Se desse o nó em martelo
> Vinha o preto desatá-lo
> Mas como deu em ciência
> Cante só, que eu me calo.

Inácio abaixava a cabeça, e todo o povo do sertão se entristecia porque o seu grande cantador tinha sido derrotado na peleja. Aquilo me tocava profundamente, eu ficava triste e chorava muito sempre que escutava aqueles versos. Achava que era uma grande injustiça, que ele tinha sido enganado só porque não tinha estudo.

Compartilho aqui essas lembranças — e especialmente essa peleja de cordel — para situar e elucidar os fios cuja trama foi sendo revelada no processo psicopedagógico, no trabalho com Alicia e Jorge, e que estão, como disse, na gênese do ideal identificatório que se inscreveu em mim, particularmente no desejo de aprender que me toma desde a infância. De alguma forma, viver a condição do analfabetismo entre pessoas injustiçadas e excluídas do acesso à educação marcaria esse ideal em todos os aspectos.

É claro que, para pessoas assim, o mundo das letras apresenta-se, inicialmente, como um muro que os separa de todas as oportunidades profissionais, políticas, sociais e, em certa medida, até espirituais. Como minha avó dizia, quando eu falava que queria ser freira: "freira não pode ser analfabeta". Mas aprendi — com a vida e com a Psicopedagogia de Alicia — que nenhuma linguagem hermética pode paralisar-nos e que os muros não são imunes ao aparecimento de frestas. Por mais inibidores que sejam os blocos de impossibilidades, há sempre um "espaço entre", e por aí o nosso desejo pode atravessar.

Há inclusive o espaço entre as pessoas, onde se tecem as relações e formam-se os laços. Com Alicia e, principalmente, com Jorge, aprendi a lidar melhor com a vertigem causada pela imprevisibilidade do futuro buscando a superfície de apoio que é propiciada pelo outro, que nos faz uma promessa de sustentação. É claro que um encontro assim tão significativo teria influência, para além de meu aprendizado pessoal, na minha atividade pública, tanto na política quanto no diálogo com os diversos segmentos da sociedade, da academia, dos movimentos sociais, ambientais e culturais. Enfrentei grandes batalhas, participei de momentos significativos da história de meu país e do mundo e tive oportunidade de atualizar e ressignificar muitas escolhas que vinha fazendo, desde que abracei as causas e os projetos que marcam a trajetória de minha vida.

Desde o início de minha atividade política, senti certo mal-estar com a visão totalizante — no fundo, totalitária — embutida no projeto completo, pronto e acabado, dos mais diversos segmentos do espectro ideológico. Havia, neles, um modelo de liderança autocêntrica, com um discurso mítico que não se contentava em expor um projeto, nem mesmo uma utopia inspiradora, mas prometia ao povo "um destino". Incomodava-me que os projetos elaborados coletivamente, a partir da ação consciente das pessoas como sujeitos políticos, fossem reduzidos a uma propaganda sedutora e submetidos a uma estratégia de ganhar ou permanecer no poder. Incomodava-me a política como uma promessa absoluta que abarca tudo e que não deixa espaço para o sujeito desejante, para a elaboração livre e afirmativa das diferenças e singularidades que cada um carrega, como se tivéssemos que trocar a criativa subjetividade da busca pela sujeição ao paralisante alcance do objeto.

A Psicanálise já havia me ajudado a perceber esse modelo de discurso político como uma demanda não atendida de amor que busca ser suprida pelo amor da multidão. Já era consciente de que uma derrota libertadora proporciona mais consciência e evolução do que uma vitória avassaladora, ou seja, aquela que transforma as pessoas em vassalos de seu próprio sucesso. O mal-estar que eu sentia era com o esvaziamento e empobrecimento da política quando é reduzida a essa polaridade vitória-derrota.

Trabalhei esse desconforto especialmente nos debates com Jorge, fazendo boas e novas tessituras com os fios de sua rica vivência, experiência política do duro período de cerceamento democrático na Argentina. Aos poucos, fui fazendo mediações entre o lugar do psicanalista, que não pode fazer nenhuma promessa, e do político, que tem que sustentar sua ação no fazer de alguma promessa. E que essa promessa seja crível, como diz Hanna Arendt, que esteja baseada numa visão democrática capaz de preservar os sonhos, não diluir as diferenças e afirmar o compromisso de um mundo melhor feito por todos como sujeitos políticos autônomos. Trata-se de refinar nosso projeto político para superar o discurso messiânico e populista no qual o líder promove a infantilização dos liderados e coloca-se como "pai" ou "mãe" do povo, dos pobres, de maiorias ou minorias. Essa política induz as pessoas a abdicarem de sua condição de sujeitos conscientes e responsáveis por suas escolhas.

A psicopedagogia analítica de Alicia, mais que dar significado e significação a esse mal-estar, ajudou-me a transformá-lo em palavras e atitudes que buscam superar a paralisia que acomete a todos aqueles que insistem na manutenção dogmática de conceitos já revogados pela mudança da realidade ou ressignificados em novos contextos. Possibilitou-me novos *insights*, análises, gestação e formulação de ideias e a ampliação da linguagem adequada para expressá-las.

Nesse período, pude perceber e refletir sobre o surgimento de novas formas de ação política, especialmente o que chamo de ativismo autoral, para marcar sua diferença do ativismo dirigido do período anterior, tutelado pelas formas de liderança e organização centralizadas. Desenvolvi com mais clareza a noção de uma mudança contemporânea nas sociedades, em que o movimento vivo de suas "bordas" busca encapsular os "núcleos" estagnados do poder. Propus, esforçando-me por ter coerência entre a palavra e a prática, um estilo de liderança que se dispõe a compartilhar a autoria, a realização e o reconhecimento dos feitos, essencialmente oposto ao estilo de liderança centralizadora que mantém nossas sociedades aferradas a um padrão político atrasado em pelo menos um século.

Em resumo, coloquei-me num percurso de aprendizado coletivo, consciente de que a superação da crise da civilização em que hoje vivemos não será obra de algum professor que tudo sabe ou um partido que tudo controla, ensinando alunos que nada sabem e conduzindo as massas inconscientes. Encarei o trabalho e a proposta psicopedagógica de Alicia Fernández como um legado do qual todos podem participar, distribuir, desenvolver e ampliar.

E ainda hoje, quando já se alonga a saudade do contato pessoal com Alicia, sua palavra ressoa na minha vida e traz-me constante inspiração para seguir adiante, vivendo e aprendendo. No plano pessoal, ela traz-me o aconchego da validação de meus processos íntimos de aprendizado, o meu jeito, minhas origens. Na esfera de minha atividade pública, ajuda-me a promover reconciliação e mediações entre os processos e linguagens que parecem contraditórios, mas que na verdade são, paradoxalmente, conjuntivos e conectivos: coletivo e individual, humanidade e natureza, arte e ciência, psicanálise e política.

Onde vemos o horror — e nos dias de hoje ele mais se mostra — podemos ver a possibilidade de superação e evolução. Podemos aprender. A dor pode virar uma cantiga. Dela fazemos nossa arte. Por isso, quero terminar compartilhando a percepção que tive quando visitei o Museu de História Nacional da Noruega e deparei-me com o famoso quadro *O Grito*, de Edward Munch. O desespero do ser humano enfrentando a fúria da natureza, diferente da imensa indignação triste que sentimos ao vê-la sendo destruída, pode ser retratado de modo que nos educa, analisa-nos e transforma-nos. Quando vi o quadro, no museu, fiquei muito emocionada e fortemente impressionada. Ao voltar para o hotel, não conseguia dormir. Então escrevi:

A arte

Mesmo sem voz, é profética

Mesmo sem rima, é poética

Mesmo sem forma, é estética

Mesmo em segredo, revela-se

Fala para além do seu tempo

E qual onda, eleva-se aos ventos

A inundar litorais.

O trabalho de Alicia e Jorge é arte para além do tempo, inunda nossos litorais e transborda conhecimentos, significados e significações, sobretudo nesses tempos em que ainda nos faltam palavras, para historiar e tornar passado tanta dor; educa-nos e pós-educa, faz-nos questão.

REFERÊNCIAS

DUFOUR, Dany-Robert. *Os mistérios da trindade*. Brasilia: Cia Freud, 2000.

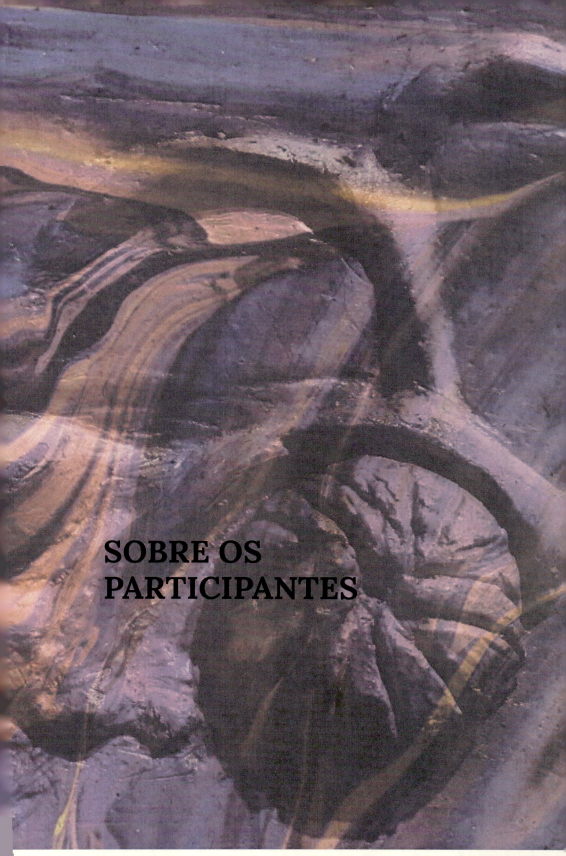

SOBRE OS PARTICIPANTES

Clarissa Candiota

Psicopedagoga formada pela turma do UniRittter; Em E.Psi.B.A., cursou Psicodrama em Psicopedagogia e frequentou o grupo didático terapêutico de setembro de 2008 até julho de 2014, com Alicia Fernández, quando teve alta. Em 2020, organizou o I Tributo à Alicia Fernández.

Eliane Cansanção

Psicóloga Clínica (Cesmac-AL), psicopedagoga clínica e institucional (EPSIBA/B.A e PIO X/SE), pedagoga sistêmica (Ispab/ Conexão Sistêmica) (Cudec/ Innovare). Sócia titular da ABPp-SP. Colaboradora do E.Psi.B.A. Participação, como colaboradora, da pesquisa "Situación Persona Apriendiendo" (SPA). Formação em Psicodrama (2000/2002), Grupo Didático Terapêutico (1998/2002) E.Psi.B.A.. Coordenação de seminários e formação em Psicopedagogia em Maceió/AL com o E.Psi.B.A.. Coordenadora do CESPPMA e do CDPEC.

Hortência Vital de Castro

Doutora em Educação pela Universidade de Valladolid — Espanha. Mestra em Gerontologia Social pela Universidade Autônoma de Madrid — Faculdade de Psicologia (UAM, Espanha). Psicanalista pela Sociedade Psicanalítica Ortodoxa do Brasil (SPOB). Formada em Sociopsicomotricidade (Ramain Thiers — Cesir, Rio de Janeiro). Psicopedagoga pela Universidade da Amazônia (Unama — Belém-PA). Psicopedagogia Clínica pela Escola EPSIBA: Nível l Fortaleza-Ce; Nível ll Natal-RN; Nível lll e lV em Buenos Aires. Especialização em Educação Infantil (Unespa, Belém-PA). Graduada em Pedagogia com habilitação em Magistério e Tecnologia Educacional pela Universidade de Brasília (UnB).

Iara Abreu Wrege

Mestra em Psicopedagogia (Colorado State University /USA, 1982). Especialista em Violência Doméstica (USP, 2002). Psicopedagoga (, E.Psi.B.A.1998). Pedagoga (PUCRS, 1978). Aposentada da docência e da psicopedagogia clínica (SMED, SMS/POA e consultório privado).

Foi docente convidada em Educação e em cursos de especialização em Psicopedagogia (PUC/RS, Fafimc/RS, Uniritter/RS, Unisc/SC). Assessora em escolas privadas, secretarias de educação e psicopedagogos clínicos. Possui publicações e pesquisas em Psicopedagogia.

Iara Caierão

Doutora em educação (UFRGS). Mestre em Educação (PUC/RS). Especialista em Educação (UPF). Formada em Psicopedagogia E.Psi.B.A. Graduada em Pedagogia (UPF). Docente em cursos de pós-graduação. Presidente da ABPp-RS (2011-2016). Psicopedagoga de crianças, jovens e adultos. Membro do Conselho Editorial da *Revista Psicopedagogia*. Membro do Comitê de Avaliação de revistas: *Envelhecimento Humano*; *Educação Especial*. Conselheira vitalícia ABPp-RS. Organizadora e coautora de livros na área da aprendizagem e psicopedagogia. E-mail: iarac@terra.com.br

Jorge Gonçalves da Cruz

Psicólogo clínico (Universidad de Buenos Aires) y analista de los aprendizajes. Ha sido docente universitario en Universidad de Buenos Aires, Universidad del Salvador, Universidad Nacional de Lomas de Zamora y Universidad Nacional de San Martín). Asesor en instituciones educativas y servicios hospitalarios de salud mental con niños, adolescentes y familias. Co-fundador de EPSIBA junto a Alicia Fernández. Docente y actual director de EPSIBA.

Julia Eugênia Gonçalves

Mestra em Educação pela UFF/RJ. Certificação em suficiência investigadora no Programa de Doutorado em Ação, Comunicação e Conhecimento do Departamento de Filosofia e Ciências da Educação da Universidade de León, Espanha, especialista em Psicopedagogia Clínica por, E.Psi.B.A, Argentina. Foi membro do Conselho Nacional da ABPp de 1997 a 2010. Membro do Conselho Nato do Núcleo Sul Mineiro da ABPp; presidente da Fundação Aprender para Educação, Cultura, Ciência e Tecnologia, em Varginha/MG.

Manuela Barbosa

Especialista em Psicopedagogia (FAR). Formação em Constelação Estrutural (Geiser). Licenciada em História (UPE). Graduanda em Psicologia (Fafire). Coautora do livro *Avaliação Psicopedagógica: Recursos para a prática* (WAK, 2013). Iniciou sua jornada no E.Psi.B.A. em 2006, participando de cursos a distância. Em 2009, iniciou a formação em Psicopedagogia Clínica e a participação no Grupo Terapêutico Didático. Em 2012, integrou o Grupo de Estudos de Winnicott aplicado à Psicopedagogia. É psicopedagoga em consultório particular, professora em cursos de Psicopedagogia e coordenadora de grupos de estudos em Psicopedagogia.

Maria da Graça von Kruger Pimentel

Mestra em Educação (UFES/ES). Especializada em Psicopedagogia Clínica, E.Psi.B.A, Psicodrama em Psicopedagogia e Psicopedagogia com inclusão da família E.Psi.B.A. Graduada em Pedagogia (Ufes/ES). Professora de cursos de pós-graduação em Psicopedagogia (Faculdade Saberes-ES / Faesa-ES / Psicopedagoga Clínica / Psicopedagoga Institucional). Coordenadora da ABPp-ES. Membro vitalício do Conselho da ABPp-ES.

Maria Sol Gonçalves da Cruz

Lic. en Psicología (Diploma de Honor de la Universidad de Buenos Aires). Ha realizado diversos estudios de especialización y postgraduación en Psicopedagogía clínica (EPSIBA, UBA) y en Psicología clínica (Universidad de Barcelona, U.T.N. y otros) profundizando en los análisis de los aprendizajes y la constitución subjetiva infantil. Trabajó junto a Alicia Fernández en EPSIBA desde el año 1998. Actualmente se desempeña como psicóloga clínica y coordinadora de E.Psi.B.A.

Marisa Nicolau

Psicóloga, Psicanalista e Psicopedagoga, fez formação em Psicopedagogia Clínica pelo E.Psi.B.A. com Alicia Fernández e Especialização em Psicanálise Clínica.

Marina Silva

É doutora honoris causa pela Universidade Federal da Bahia e pela Academia Chinesa de Silvicultura. Formada em História, com especialização em Psicopedagogia e Teoria Psicanalítica. Tem formação em Psicopedagogia, curso sobre Autorias Vocacionais, curso de Psicodrama, curso sobre Winnicott e participava do Grupo Didático Terapêutico do núcleo do DF. Professora, ambientalista e política brasileira.

Marli Silveira Cardozo

Mestra em Psicologia (UFSC). Psicóloga, Psicopedagoga Clínica, E.Psi.B.A. docente em Psicologia e Clínica de Aprendizagem. Professora (aposentada) na FCEE, SE-ED e UFSC.

Marlise von Reisswitz

Especialista em: Psicopedagogia — Fafimc/RS (2000), em Psicopedagogia Clínica (1997); Didata — Grupo Didático Terapêutico com Alicia Fernández (1998-2015). Formada em Psicodrama Analítico em: Psicopedagogia (2005); em Intervenção Psicopedagógica com Famílias (2001); em Cuerpo, aprendizaje creativad en los tiempos de la Informática y la Telemática— E.Psi.B.A, Buenos Aires (1997). Psicopedagoga.

Neusa Kern Hickel

Doutora em Psicologia Social e Institucional, Mestre e Psicologia Social e Institucional (UFRGS.) Psicopedagoga, Didata e Psicodramatista em Psicopedagogia (E.Psi.B.A.). Psicóloga (PUCRS). Aposentada da docência regular (SEC/RGS; UniRitter); da Assessoria Técnica em Educação (SMED/POA) e em Saúde (SMS/POA). Docente convidada em Educação e Saúde (UFRGS, Unifra, URI/RS, UnoChapecó/SC, CESF/RS, Unisc/RS, CNEC/RS, UPF/RS). Coordena grupos de estudos e didático-terapêuticos em Psicopedagogia e em Filosofia contemporânea articulados a movimentos culturais. Publicações e pesquisas em Psicopedagogia e Psicologia Social, traduções de obras de Alicia Fernández (1994, 2001, 2012).

Nilce Azevedo Cardoso

Especialista em Atendimento Clínico com ênfase em Psicanálise pela UFRGS. Psicopedagoga Clínica e Didata em Psicopedagogia Clínica, com Alicia Fernández, Sara Paín e Jorge Gonçalves da Cruz (E.Psi.B.A). Graduada em Física (USP). Docente e pesquisadora em classes experimentais de Matemática no GEEMPA/POA/RS. Professora de Física por 28 anos em RS e SP. Psicopedagoga de crianças, jovens e adultos. Militante em Educação e em Direitos Humanos. Cidadã Emérita de Porto Alegre, pela Câmara Municipal, POA/RS, Medalha de Honra ao Mérito Farroupilha, pela Assembleia Legislativa/RS. Assessora no programa "Vida Melhor na Escola" na UBS Santa Cecilia, POA/RS. Publicações em Psicopedagogia.

Regina Orgler Sordi

Doutora em Psicologia da Educação (UFRGS). Psicóloga (UFRGS). Professora da Faculdade de Psicologia (UFRGS) (aposentada), psicopedagoga clínica (E.Psi.B.A.), psicanalista (SPPA), autora de artigos e capítulos de livros.

Rosires Maria dos Ramos Ielo

Mestra em Psicologia Social (FGV/RJ). Especializada em Psicopedagogia, (CEPERJ/RJ); Psicopedagogia Clínica E.Psi.B.A. Graduada em Psicologia, (USU/RJ). Professora do curso de graduação em Psicologia (USCJ/SP). Psicóloga escolar, psicopedagoga clínica, formadora de profissionais em Psicopedagogia.

Sara Pain

Doutora em Filosofia pela Universidade de Buenos Aires e em Psicologia pelo Instituto de Epistemologia Genética de Genebra. Foi professora de psicologia em Buenos Aires por 15 anos até seu exílio na França, onde reside. No Brasil, seu nome está ligado ao Geempa (Grupo de Estudos em Educação pesquisa e Ação de Porto Alegre). Principais obras publicadas no Brasil: *Diagnóstico e tratamento dos problemas de Aprendizagem* (Artes Médicas/RS); *A Função da ignorância I e II* (Artes Médicas).

Susi Rodrigues de Sá

Mestra em Educação (2002). Especialista em Psicopedagogia (PUCRS, 1995), em Educação Infantil e Educação Especial. Formada em Psicopedagogia Clínica (E.Psi.B.A.) Graduada em Letras (1992). Publicou a obra *Atelier Psicopedagógico: Pensamento Criativo no Jogo Psicopedagógico* (2009), com prefácio de Alicia Fernández. É professora-orientadora de estágio curricular da Rede Municipal de Porto Alegre (SMED) e artista plástica pelo Atelier Livre Xico Stockinger desde 1998. No evento Tributo à Alicia Fernández, criou em cerâmica a lembrança do evento.

Vera Mendes dos Santos

Mestra em Educação (Udesc). Pedagoga (Udesc). Professora (aposentada) da Faculdade de Educação (Udesc). Psicopedagoga Clínica (E.Psi.B.A.).

Yara Stela Rodrigues Avelar

Formada em: Pedagogia (PUCRJ), Psicopedagogia Clínica (CEPERJ/E.Psi.B.A.) Psicomotricidade Relacional (Siac), Terapia de Família (ITF-RJ), Psicodrama em Psicopedagogia, Psicopedagogia com inclusão da família (E.Psi.B.A.). Psicopedagoga Clínica. Professora em Cursos de formação em Psicopedagogia/ Psicopedagogia Didática/Participação em Pesquisa. Autora dos livros: *A Superação das dificuldades da escrita/ a superação das dificuldades através da escrita, Arteoria, Coleção "Pequenos Dramas"*. Autora de vários artigos da Especialidade (*Revista EPSIBA / Cadernos do NOAP*).